U0115520

實用公文書

陳飛龍編著

文史哲出版社印行

實用公文書 / 陳飛龍編著. -- 再版. -- 臺北市 : 文史哲, 民85
2,296面 ; 21公分.
ISBN 957-547-108-3(平裝)

1. 中國語言 - 應用文

802.791

實用公文書

編著者：陳飛龍
出版者：文史哲出版社
登記證字號：行政院新聞局局版臺業字五三三七號
發行人：彭正雄
發行所：文史哲出版社
印刷者：文史哲出版社
台北市羅斯福路一段七十二巷四號
郵撥〇五一二八八一二彭正雄帳戶
電話：三五一一〇二八

實價新台幣三〇〇元

中華民國八十五年十月再版

究必印翻・有所權版
ISBN 957-547-108-3

實用公文書　目次

實用公文書

陳飛龍編著

第一章 名片

名片在今日的社交場合或洽辦事務當中，已成爲不可或缺的交流工具。爲了讓雙方初次見面的時候，能夠很快的知道對方的身分，名片上的內容就成爲相互溝通的第一關了。

早在漢代，人們已經開始運用這種工具了，當時叫做「刺」，係以竹片或木片用鐵筆刺上自己的姓名，所以又稱「刺字」或「名刺」。不過，「刺」僅用於晉見上司、長輩或名賢，所以又名「謁」，這就是「進謁投刺」一詞的由來。

唐代「紙」的使用更爲普遍，「名」不必再「刺」於木片、竹片上，而改爲書寫在「紙」上，所以稱做「名紙」。由於形式和「請帖」相似，故又稱「名帖」。這些不外乎都是向人介紹自己。此種情況，後代大致沿襲不變。

現代人所使用的名片，由於用途與內容，較之古人改變很多，使用者已經擴及到學生、兒童，並且已跨入個人形象塑造的境界。因此，兩個人第一次見面，遞上一張獨具風格的名片，必然能夠讓對方留下永難忘懷的印象。

名片的編排方式，一般分為直式與橫式兩種；至於內容，則五花八門，無奇不有，主要以激起對方深刻印象為意。除了必備的服務機構、職銜、姓名、公私地址、電話以外，有時還附加個人的彩色玉照或肖相素描，甚至有嵌入I.C.記憶晶片，讓名片代作自我介紹。這些花樣百出的外貌，只要印刷廠的印製不出差錯，通常都能明確地達到通報姓名、身分的目的。

本章節的重點，著重在介紹名片進一層的功用，諸如：訪友留言、約晤、拜訪、求見、辭行、介紹、餽贈、謝贈、探病、拜年等事項。也就是說明：如何在名片的正面或（及）反面，加上一些簡單扼要的話語，用來告訴對方，自己未能當面陳述的意念。

名片的留言文字，通常寫在正面，如果內容過多，可以改寫在反面。至於稱謂，對方姓名通常寫在正面的左（右）上方空白處，並且在姓名右方低二格處，加上「留陳」、「面陳」、「敬陳」、「專送」等交遞語，反面結語處則不必再作提稱。自稱的格式，則在正面印好的自己姓氏的右上（或下）角，寫上適當的「自稱」

（如：弟、妹、晚），並於名字底下，加寫「敬上」、「敬留」、「拜上」、「鞠躬」等「稟啓」敬詞。留言內容若寫在反面，則於文末書寫「名正具」或「名正肅」，而不必再簽署姓名，以免和正面重複。「名正具」，用於平輩及一般人士，意謂：本人的姓「名」「具」備於「正」面；至於「名正肅」，則用於長輩及上司，意謂：本人的姓「名」「肅」立在「正」面。

實例：

（一）訪友

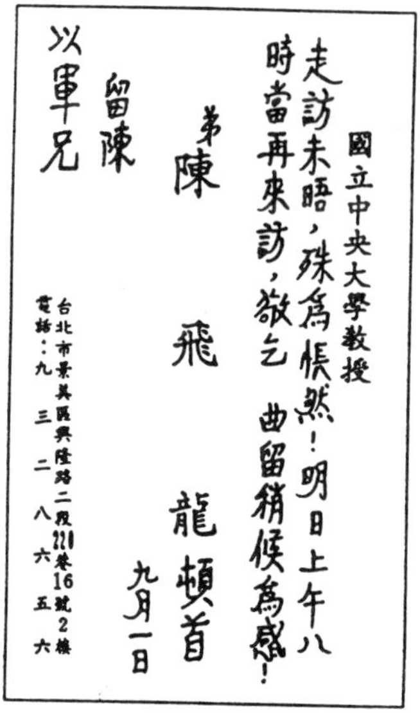

國立中央大學教授

走訪未晤，殊為悵然！明日上午八時當再來訪，敬乞 曲留稍候為感！

弟陳 飛 龍頓首

九月一日

台北市景美區興隆路二段220巷16號2樓
電話：九三二八六五六

留陳

以軍兄

（正面）

（反面）

（二）訪友（將前例之正文移至反面）

國立中央大學教授
弟 陳飛龍頓首
九月一日
台北市景美區興隆路二段220巷16號2樓
電話：九三二八六五六
留陳
以軍兄

（正面）

走訪未晤，殊爲悵然！明日上午八時當再來訪，敬乞曲留稍候爲感！
即請
刻安！
名正具

（反面）

走訪未晤，悵念良殷。有暇，當再趨候。順頌
時祺
名正具

（反面）

（三）約晤

國立中央大學教授

周以畢學長 留陳

弟 陳 飛 龍 敬留

九月一日

台北市景美區興隆路二段220巷16號2樓

電話：九三二八六五六

（正面）

頃訪未遇，殊以為悵！歸來後，請賜電話，約定時間地點，再行見面。此上，即請刻安！

名正具

（反面）

（四）約晤

國立中央大學教授

以畢先生 留陳

弟 陳 飛 龍 敬上

九月四日

台北市景美區興隆路二段220巷16號2樓

電話：九三二八六五六

（正面）

茲有要事奉 商，請於明（五）日上午九時駕臨 敝寓一談為幸。順頌時祺！

名正具

（反面）

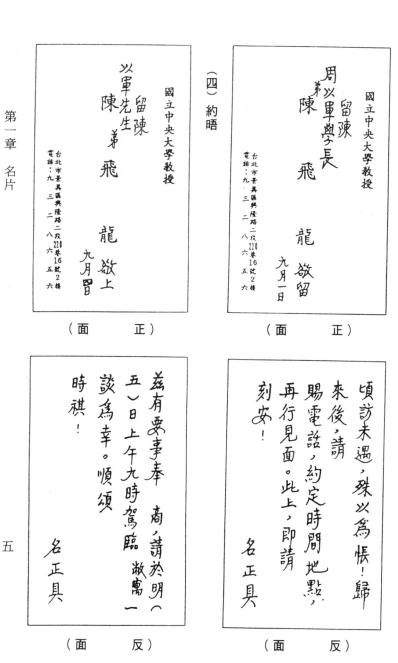

（五）約晤

國立中央大學教授
王大同校長鑒
晚陳飛龍拜上
台北市景美區興隆路二段220巷16號2樓
電話：九三二八六五六

（面　　正）

茲有事須面洽，準於即日
下午五時趨
府。恭祝
晨安！
名正肅
五月一日

（面　　反）

（六）約晤

國立中央大學教授
正芳大姐午安
弟陳飛龍留上
九月一日十二時
台北市景美區興隆路二段220巷16號2樓
電話：九三二八六五六

（面　　正）

趨前拜謁，適逢　公出不遇，殊
為悵然！據告
大駕下午方回。弟因事亟待處理，
不能久候。下午三時前再來此處，
有要事奉　商，務乞吾
姐稍作停留，無任感荷！
名正具

（面　　反）

（七）拜訪未晤

私立勸益工業專科學校董事
鄭　雲　拜候　即日
玉為兄
住址：台北市羅斯福路五段97巷4號二樓
電話：九三二九〇五二

（正面）

（八）求見

國立中央大學教授
晚　陳　飛　龍　拜謁
敬懇
延見
台北市景美區興隆路二段220巷16號2樓
電話：九三二八六五六

（正面）

（九）求見

國立中央大學教授
茲介紹周君嘉雄趨
謁，請予指導為感！
陳弟飛龍載拜
九月一日
雲光吾兄刻安
台北市景美區興隆路二段220巷16號2樓
電話：九三二八六五六

（正面）

專程拜訪
啓事蓋章

（反面）

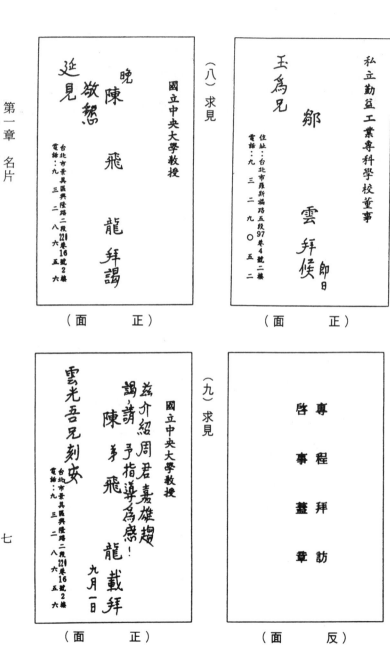

（十）求見

國立中央大學教授

弟 陳飛龍 再拜

五月一日

臺灣省黨部

詹副主任委員春柏

台北市景美區興隆路二段220巷16號2樓

電話：九三二八六五六

（正　　面）

舍弟景星因赴省之便，亟欲奉謁

問候，祈

面予指導，不勝感盼之至！

此請

刻安

名正具

（反　　面）

（十一）求見

國立中央大學教授

弟 陳飛龍 再拜

五月一日

臺灣省黨部

武書記長奎煜

台北市景美區興隆路二段220巷16號2樓

電話：九三二八六五六

（正　　面）

舍弟景星因事自鳳山赴省，謹介紹趨前奉謁，以示景仰之意，請

賜予指導，無任感荷！即祝

時安！

名正具

（反　　面）

（十二）求見

私立輔仁大學教授

弟　劉守宜　拜上

邢先生簾君

二月廿二日

台北市德行東路331巷52弄2號3樓
電話：八三一六二一二

（正面）

茲因陳博士飛龍先生前往
貴院傅斯年圖書館參閱資料之便，特介紹奉謁，乞
惠予指教，至為感荷！

名正具

（反面）

（十三）求見

私立輔仁大學教授

弟　劉守宜　拜上

趙學長保軒

二月廿二日

台北市德行東路331巷52弄2號3樓
電話：八三一六二一二

（正面）

茲因陳博士飛龍先生前往
貴院參閱圖書之便，奉謁
學長，乞
惠予協助，無任感荷！

名正具

（反面）

（十四）辭行

國立中央大學教授

弟 陳飛龍辭行

九月一日

哲生兄

台北市景美區興隆路二段221巷16號2樓
電話：九三二八六五六

（正面）

（十五）辭行

臺灣省議員

今午乘機飛美，臨行匆迫，不克
走辭，乞 諒！

弟 陳景星敬上

六月一日

留陳

王大同先生

地址：鳳山市五甲三路一九五巷七九號
電話：（〇七）八二二一七四一五
八一一五二二一

（正面）

（十六）介紹

臺灣省議員

弟 陳景星敬上

六月一日

教育廳
陳廳長倬民兄

地址：鳳山市五甲三路一九五巷七九號
電話：（〇七）八二二一七四一五
八一一五二二一

（正面）

茲介紹王大同君趨謁，
祈 惠予指教為感！
敬祝
勛安

名正肅

（反面）

（十七）介紹

臺灣省議員

弟　陳　景　星　拜上　六月一日

福安國中

林校長明雄

地址：鳳山市五甲三路一九五巷七九號

議會（〇四）三三九一一二一一三〇

電話：自宅（〇七）八二一七四一五

八一一五二二一

（面　正）

謹介紹政大王教授專誠

拜訪，請惠予指導。

順頌

時祺

名正具

（面　反）

（十八）介紹教職

臺灣省議員

弟　陳　景　星　拜上　五月一日

敬煩面陳

馮校長明道

地址：鳳山市五甲三路一九五巷七九號

電話：（〇七）八二一七四一五

八一一五二二一

（面　正）

敬煩家兄飛龍教授，專程趨謁

，奉商嘉男先生追隨　任教

事宜，諸乞　推愛照拂，無任

感荷！此請

刻安

名正具

（面　反）

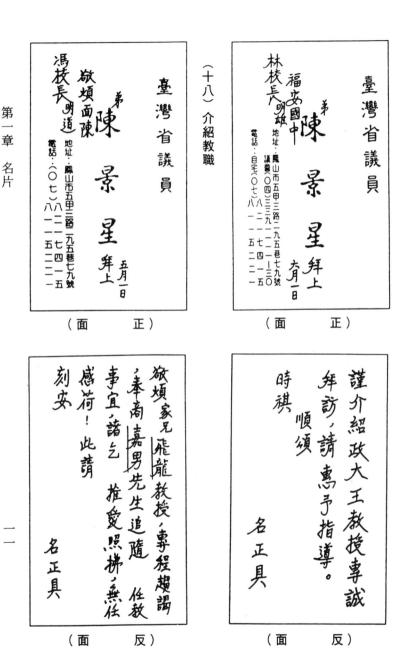

（十九）餽贈

國立中央大學教授
留贈52弄2號三樓
劉教授守宜夫人
陳　弟　飛　龍　留上
元月二日
台北市景美區興隆路二段220巷16號2樓
電話：九三二八六五六

（面　　正）

專誠拜候（並非拜年），
未能聆　教，頗爲悒悒。
微物聊以表意耳！
即祝
雙安
名正具

（面　　反）

甲、僅用正面

中壢市公所秘書
正之我兄：茲送上國產花彫半打，
即希
哂納是荷！此頌
日祉！
李　弟　雲　光謹啓
即日
電話：（〇三四）四二三一〇六（公）
五三一〇四六（宅）
軍用（泰山）一二五七四（公）

（面　　正）

乙、兩面書寫

日商東海興業(株)台北事務所
台海營造股份有限公司
統一編號 二三二二五五四三
外物乙件，送陳
興隆路二段二二0巷十六號二樓
陳宅
經理 何 弟 仲 嘉 具
台北市忠孝東路四段一八〇號十二FB
電話：(〇二)七五二一二四七二
FAX：(〇二)七二一一六六〇六
自宅：(〇二)三四一〇四九一
本社：東京都銀座七一十三一十
TEL：(〇三)五四五五一一一代表

（面　　正）

茲送上梨山蘋果乙箱，係弟
經營之農場產品，藉供
品嚐，敬祈
莞納是幸！
此上
陳教授 飛龍
名正具 六月一日

（面　　反）

(二十) 謝贈

國立中央大學教授
承
贈佳果一箱，謹領
謝
弟 陳 飛 龍 拜上
回陳
仲嘉兄
六月一日
台北市景美區興隆路二段220巷16號2樓
電話：九三二八六五六

（面　　正）

（二一）討教文壇盛事

國立中央大學教授

晚 陳 飛 龍 敬上 六七・十一・廿八・

奉上拙稿一份，敬請
前輩核閱、惠轉為感。
此致
周前輩棄子先生

台北市景美區興隆路二段220巷16號2樓
電話：九三二八六五六

（正面）

據悉夏志清先生近有專文
評時報文學獎的論文，其中亦
有一大段批評「老榕」者，即將
在中國時報發表，敬此奉告。
恭祝
撰安
名正肅

（反面）

（二二）探病

國立中央大學教授

晚 陳 飛 龍 拜留 八月 日

敬陳
明道世伯

台北市景美區興隆路二段220巷16號2樓
電話：九三二八六五六

（正面）

頃聞 貴體違和，特來
探望，為醫所阻，未得一晤，
至念！敬請 靜心療養，
當可早日康復。虔祝
痊安！
名正肅

（反面）

（二三）拜年

國立中央大學教授

仲華 吾師 師母 新禧

陳 受業 飛 龍 敬叩

即日

台北市景美區興隆路二段220巷16號2樓

電話：九三二八六五六

（正面）

一元復始，萬象更新，

恭祝

福壽康泰

闔府吉祥

名正肅

（反面）

第二章　便條

較諸「名片」更爲方便的是「便條」。顧名思義，「便條」就是「簡便的字條」。凡是整齊空白的紙片，不致於過大或太小，都可以當作「便條」，寫上簡明的文句，三言兩語表達自己的意念。在繁忙的今天，這種簡便的方法，是最容易作爲雙方溝通的輔助工具。

「便條」的內容要精簡明確，使收受者可以一目瞭然，所以又稱「小字條」，此外還有許許多多的別稱，如：「短箋」、「短書」、「便箋」、「小牋」、「小簡」、「小柬」、「小札」等等稱呼；用途也和「名片」大致相同。唯一不同之處，即是「名片」已在正面印好了自己的「姓名、職銜……」等有關資料，所以留言多半書寫在反面，文末不必簽署本人姓名；至於「便條」，因爲都是單面書寫在空白小箋上，因此非於文末簽署上自己的姓名不可。

由於「便條」通常不加封緘，所以不適合於書寫涉及機密或個人隱私的情事。

至於使用的對象，以知己、平輩與晚輩爲宜，對於尊長或新交，最好儘量避免使用，以免給人留下不鄭重、缺乏禮貌的壞印象，甚或引起不必要的麻煩。

「便條」書寫的格式，與書信寫作略爲相似，但卻沒有書信那樣嚴格的規定。依照一般習慣，開頭不必有任何「稱謂」，拿起筆來直接就寫，也不必附加什麼開頭應酬辭語、以及結尾冗長的客套，以達到簡明扼要的原則。由於開頭沒有任何「稱謂」，所以在正文最後應該註明「此上　○○生生」或「留陳　○○吾兄」等字句，以標明收受人是誰。其餘的「下稱謂」、「稟啓」（「署名下敬辭」）、「年月日」等格式的要求，都和書信寫作相同，等到該章節時再作詳細敍述。

實例：

（一）訪友未晤

○○吾兄

頃訪①不晤，悵悵！得暇②，當再趨　候③。留上④

弟○○上

六月一日×時

【衍義】

①「頃訪」二字，也可改用「走訪」、「奉訪」、「趨訪」。

②「得暇」二字，也可改用「改日」、「×月×日下午」。

③「趨候」二字，也可改用「趨拜」、「趨謁」。

④「留上」二字，也可改用「留陳」、「此上」。

（二）訪友未晤

特來拜訪①，適逢　駕出②，悵念良殷③，日內④有暇當再趨聆　教益⑤！

此致

○○先生

弟○○　謹上

六月一日

【衍義】

①「拜訪」二字，也可改用「拜望」、「拜會」、「拜教」、「領受教訓」。

②駕出：尊敬他人之詞。也可改用「公出」。

③「良殷」二字，也可改用「甚殷」、「殊殷」、「殊深」。

④「日內」二字，也可改用「改日」、「他日」。
⑤「教益」二字，也可改用「趨府聆（奉）教」、「前來長談」。

（三）訪友未晤

趨前奉訪，適因公出不值①。明晨九時前再來，務請屆時稍留，以便晤面②。

此上③

〇〇兄台④鑒⑤

弟〇〇 留言

六月一日×時

【衍義】

①「不值」二字，也可改用「不遇」。
②「晤面」二字，也可改用「聆 教」、「請 益」、「有所報告」。
③「此上」二字，也可改用「此致」、「此陳」。
④台：「三台」之省，原爲星名，古代以之比擬三公，後世轉爲「尊敬之稱」。
⑤鑒：同「鑑」：a、鏡（鑒察）；b、照（核對、察視）。

（四）久候不來

久候　光臨，未見　大駕①。因事須往一辦②，如　兄到此，請　移駕××路××號一晤③。上午十一時前，當不離去。此上

○○兄

弟
○○　留上
六月一日×時

【衍義】

①「光臨」、「大駕」二詞可互易位置。

②「一辦」二字，也可改用「處理」、「料理」。

③「一晤」二字，也可改用「一遇」、「相見」。

（五）約晤

茲①有要事奉②商，請即　駕臨敝寓一敍，爲盼！此致

○○兄

弟
○○　謹約
六月一日

【衍義】

①茲：廣雅卷五上：「茲，今也。」「爾雅釋詁下：「茲，此也。」「茲」也可改用「茲者」、「茲因」（書翰用語）。

②奉：敬辭，如「奉送」、「奉陪」、「奉託」、「奉擾」、「奉茶」。

（六）約晤

○○吾兄

明日假期，務請① 移駕舍下一談，為盼②！此致

弟○○上

六月一日

【衍義】

①「務請」二字，也可改用「務懇」。

②「為盼」如加文字，可省去不用。——「弟因守候越洋電話，不趨 候，請 予原宥。」

（七）約晤

○○○兄在此，請 速來舍①，俾作長夜談，並候 示復。此致

○○兄

弟○○敬上

六月一日

【衍義】

①「速來舍」三字，可改作「移玉敝寓」、「移駕舍間」、「移駕舍下」。

（八）約晤

一日不見，如隔三秋，今已半月矣！倘能　辱臨敝舍，作半日清談，則幸甚矣。此上①，即請

○○吾兄台安！

弟○○叩

六月一日

【衍義】

①「此上」二字，也可改作「專此」。

（九）辭約

手示奉悉①。刻因要事②，不克踵　府③商談。稍緩數日④，再趨前聆　教⑤。方⑥　命之處，尚乞　鑒諒⑦。此上

○○兄

弟○○　謹復

六月一日

【衍義】

①「手示奉悉」，也可改用「接奉　大示」、「敬悉　一是」。

②「要事」二字，也可改用「守候南部親友來訪」。

③「踵府」二字，也可改用「親自到府」。

④「稍緩數日」四字，也可改用「明晚×時」。

⑤「再趨前聆　教」，也可改用「再行專程趨　訪」。

⑥方：「違」也。

⑦「鑒諒」二字，也可改用「原宥」。

（十）約遊

弟擬於明日赴陽明山觀賞櫻花，①倘荷　同遊，即請②於明晨八時前蒞臨舍下

③，以便④偕往。此上

○○兄

弟○○謹約

六月一日

【衍義】

①「櫻花，」底下，或可增加「下午六時前當可結束」一句。

②「即請」二字底下，或可增加「攜帶相機（已購備底片兩卷，順告）」。

③「蒞臨舍下」，也可改用「蒞臨敝寓」或「蒞臨寒舍」。又：「蒞臨舍下」底下，或可增加「同用簡便早餐後」一句。

④「以便」底下可增加「專車」二字。

（十一）應邀

承 邀同遊，至爲欣幸，屆時當趨 府偕往。此復

○○兄

弟○○敬上

六月三日

（十二）回覆人約遊

刻奉　雅召，同作淡海一日之遊，敢不遵　命！明晨八時前，弟準時趨　府拜見，以便準時起程前往。此復

○○吾兄刻安

弟○○　謹上

六月三日

（十三）約奕

晝長無事，殊覺悶人，擬邀　足下共賞橘遊之樂①，見字希即　移玉爲盼。專此，即頌

○○仁兄刻安！

知名不具

六月一日

【衍義】

①橘遊之樂：「橘遊」一詞，指象棋遊戲的別稱。唐牛僧孺幽怪錄：「巴邛人橘園，霜後兩橘大如三斗盎。剖開，有二老叟相對象戲，談笑自若。……一叟曰：『橘中之樂，不減商

山（四皓的隱居），但不得深根固蒂，爲愚人摘下耳。』」（類說十二）後因稱下象棋爲橘中樂。又稱橘中戲、橘中趣。明朱晉楨著有橘中秘一書，輯錄象棋譜多種，書題本此。

（十四）約友共進午餐

上午第四節下課後，妹在仁園餐廳恭候，共進午餐，以圖一小時之歡聚。敍心良機不多，務希

勿卻是幸！此致

〇〇大姊刻好

妹〇〇〇　鞠躬

六月一日

（十五）約友共進午餐

中午下課後，擬請　大駕前往仁園二樓西餐廳共進午餐，作短暫之歡聚。雖屬匆匆，當亦可稍慰我心也。務請

勿卻是幸！此上

〇〇吾兄刻安

弟〇〇〇　謹上

×月×日

（十六）邀宴

〇〇兄由美來臺，訂於×月×日（星期×）下午×時在舍下（如有必要，須註明地點及電話）略備菲酌爲老友洗塵。恭候

光臨，俾共團敘，勿卻是幸！

〇〇先生

〇〇夫人

弟〇〇〇　謹訂

六月一日

（十七）邀宴

本月×日（星期×）×午×時，謹假××路××號××餐廳潔治菲酌，敬候賢

伉儷光臨，幸祈　勿卻爲荷！此致

〇〇仁兄嫂

（十八）邀宴

弟等在××路××號大華餐廳，即請

駕臨便酌，是幸！此致

○○兄

弟
○○○　謹約
六月一日

弟
○○○○同上
六月一日

（十九）赴宴

頃承

寵召，無任欣幸。屆時當敬陪末座，專先致謝。此致

○○兄

弟
○○　謹上
六月一日

（二十）辭宴

荷承
寵召，心感不已，奈弟今晚必須偕內子乘車南下，參加明晨一項重要會議，不克參加　尊處盛筵，殊爲歉疚。務望　見諒是幸！此上
○○仁兄
嫂，並請
儷安

弟○○　啓上
六月二日

（二一）辭宴

荷承
寵邀，無任欣幸。本應躬詣奉陪，惟適以×事，非弟親爲處理不可，屆時歉難應邀。方　命之處，希　鑒諒爲禱！此覆
○○仁兄

弟○○　敬復

（二二）辭宴

荷承　寵召，弟當敬陪末座·，內子則因須赴另一宴會，無法參加盛筵。此致

〇〇先生

弟〇〇　謹上

六月二日

六月二日

（二三）辭宴

辱承

寵邀，本當叨陪末座，適已另應他約，不克趨陪。敬請　鑒諒。〇兄前請代候，當另圖良晤也。此致

〇〇兄

弟〇〇　拜上

六月二日

（二四）餽贈

日昨○兄送下佳釀肆瓶，味極醇美，允稱上品。茲分半奉贈，敬祈
莞納。此致
○○兄

弟○○　謹上

六月一日

（二五）餽贈

送上西服料一件，係小兒自倫敦寄返，至祈　哂納，以表微意。此致
○○仁兄

弟○○　啓

六月一日

（二六）餽贈

一昨訪問金門，購得花青瓷瓶數座，並高粱名酒、暨貢糖少許，茲送上兩包，
即祈　哂納。
○○兄

弟○○上

六月一日

（二七）餽贈

日前隨家人遊覽溪頭，購得凍頂烏龍茗茶兩斤，香味醇美，堪稱上品。茲分贈若干，供老友分享。即希　莞納為盼！此致

○○吾兄

弟○○上

六月一日十時

（二八）餽贈

奉喜帖，欣悉明日為　令郎與○○女士舉行婚禮之期，菲敬一函，即乞哂納為荷！謹此恭賀，並請

○○仁兄大安

弟○○啟

六月一日

（二九）謝贈

○○兄

承 貴价①送來香茗兩罐，謹爲拜領，特此道謝。此上

弟○○拜上

六月一日

【衍義】

①价：僕役。

（三十）謝贈

荷承 厚貽，愧不敢當。拜領兩色，餘謹奉還。專申謝悃，即請

○○仁兄台安

弟○○再拜

六月一日

（三一）借物

刻需中文打字機一用，請交來人帶下，三天後璧還不誤。此上

○○兄刻安

弟○○　謹上

六月一日

（三二）還物

前承　惠借中文打字機，至深感激，今已用畢，特令小女送還，即請　檢收爲荷。此上

○○吾兄

弟○○　敬啓

六月十六日

（三三）借書

小兒將應司法人員普通考試，擬借國民書局出版「民法債篇」一書，請交來人擲下，一俟閱畢，遵當歸還！此致

○○先生

弟○○　上

六月一日

（三四）還書

前承　惠借之「民法債篇」一書，奉璧，並謝謝！此致

○○先生

弟○○　上

六月十六日

（三五）借書

月前吾　兄所新購「××××」一書，如已閱畢，請交來人帶下，以俾奇文共賞。三數日後，自當奉趙。有難同當，有福同享。有好書當亦不吝於出借同好也。一笑。此請

○○兄刻安

弟○○○　謹上

六月一日

（三六）借書

上月吾　兄所新購書××××，如已看完，請即借弟一閱，下週三前，定當奉

還。言明在先，決不爽約。此請

○○仁兄放心

弟○○○　拜上

六月一日

（三七）延期還物（書）

前承　惠借「宋詩選注」一書，本應於月中奉還，惟因查閱尚未完畢，擬請延至月底璧趙，決不有誤。此上

○○兄

弟○○　敬啓

六月一日

（三八）配貨

貴局出版之「應用文範」，爲一般所需，下次配書，請發足五十冊爲荷！

此致

中心出版社台鑒

高雄大文書局謹上

六月一日

（三九）取貨

見條即付「商業文書」乙百本爲荷！此致

文風書局

基隆文光書局

六月一日

（四十）送貨

茲由中連貨運公司送上「國民辭彙」兩包，共六十部（附發票），請　檢收見覆。貨款容下月底南下便道來收。此致

○○書局

○○經理

○○○○　謹啓

六月一日

（四一）借款

茲因急用，敬懇　惠借××元，月內奉璧。如蒙　金諾，請交來人帶下為感。

此致

○○先生

弟○○謹上

六月一日

（四二）還款

前承　惠借××元，茲著李君如數奉還，煩請點收，敬表謝意。此致

○○先生

弟○○　上

六月一日

（四三）還款

茲著小价奉還前借之款，並請將原開借據檢出交其帶下為荷！此致

○○兄台照

弟
○○　上
六月一日

（四四）還款

○○兄

前承　惠借××元，高誼至感！茲如數奉還，敬祈　查收。敬上

弟
○○　敬啓
六月一日

（四五）索款

○○先生大鑒

日前所借之款，已於昨日到期，務乞　即日擲下，以應急用爲盼！此致

弟
○○　上
六月一日

（四六）付款

應付

台端之新臺幣參仟元，茲由小兒面奉。請　賜收見覆爲荷！此致

○○先生

弟○○上

六月一日

（四七）介紹

○○兄爲弟多年至交，因事擬就教　左右，特介紹趨訪，至希延見面談爲荷。

此上

○○吾兄

弟○○上

六月一日

（四八）介紹

茲介紹至友○○兄趨訪，請　惠予延見面談，於可能範圍內多予協助爲荷。

此致

○○兄大鑒

弟○○上

六月一日

（四九）探詢

昨談之事，未知　尊意如何？即祈　示復爲禱！此致

○○兄

弟○○謹上

六月一日

（五十）代擬便條留呈○○兄，說明：

(1)因有他事急往處理，今午×時在××餐廳便飯之約，不克參加；

(2)餐後聚談全部有關資料，均在手提箱中，煩請費神攜往，以便飯後提出討論；

(3)明晨開車前，弟必定準時趕到。

茲有要事必須親自處理，今午×時在××餐廳便飯之約，不克參加。請攜帶全

部有關資料準時赴約，以便提出討論。明晨開車前，弟必定準時趕到。諸事煩勞，
謝謝！祝
○○兄刻安

弟 ○○ 敬留

六月一日

（五一）試擬便條一則，說明：

(1)舊日好友王大同，因參加會議，昨晚已抵達北市；
(2)王君現住希爾頓飯店八樓六室；
(3)經已約定於本星期日下午六時在該飯店二樓咖啡廳，與此間諸好友作短暫之歡聚；
(4)屆時務請攜　尊眷參加，以圖良晤。

至友王君大同，因參加某項會議，昨晚乘車抵達北市，現住希爾頓飯店八樓六室。刻經約定，於×月×日（星期日）下午六時，假該飯店二樓咖啡廳歡聚敘舊。屆時務請　伴同大嫂雙雙前來，以圖良晤。專此，敬上
○○兄嫂刻安

弟〇〇〇　拜上

六月一日

（五二）爲班代表〇〇〇兄，擬便條一則，致〇〇同學，說明下列數事：

(1)連日風雨，道路阻隔，高屏之遊，必須改期；

(2)請先期儘量利用電話，緊急通知全班同學；

(3)並於原訂開車時間前廿分鐘，到達原集合地點，切實守候，分別通知改期之決定；

(4)弟明晨因須趕赴××交通公司，處理其他事務，不能幫同處理，殊以爲歉。

因南下路阻，全班高屏之遊必須改期。弟因他事，急須親赴××交通公司，辦理有關事宜，無法分身，請　代爲轉告服務股〇〇兄，及〇〇姐，除先期儘可能利用電話，緊急通知各同學外；並須於原訂集合時間前廿分鐘，到達原定集合地點，切實守候，分別通知改期之決定。事非得已，務必轉請諸同學鑒原是幸。諸事費神，感謝不盡。順頌

晚安

此致

〇〇〇學兄

弟〇〇〇　留上

六月一日

（五三）代擬便條一則，致〇〇學長，說明：

(1)月前去東南亞旅行，買了一尊泰國佛，現在贈送給你收藏。

(2)我的表哥〇〇〇有意投考貴校哲學研究所碩士班，請你代他索取一份今年的招生簡章，以便他用作參考。

(3)×月×日星期×，在××路××號××餐廳招待老校長〇〇〇先生。這一天中午十二時，請你參加做陪客。

日昨前往東南亞旅遊，購得泰國佛一尊，形相莊嚴，雕工精細，奉贈吾　兄，置諸案頭，以爲紀念。弟之表兄〇〇〇君，有意投考　貴校哲學研究所碩士班，費神代向教務處索取本年度招生簡章一份，作爲準備參考之用。再者，×月×日（星期×）中午十二時，弟假座台北市××路××號××餐廳，設便酌招待老校長〇〇先生，務請　撥冗參加作陪，〇〇、〇〇等兄均在座，以圖衆友作短暫之聚會。

無任感荷！此上

〇〇學長刻安！

弟　〇〇〇　拜留

六月一日

（五四）代擬便條一則，致〇〇學長，說明：

(1)日前往東南亞一遊，購得泰國佛像一尊，現在贈送給您；

(2)舍親〇君，有意投考貴校哲學研究所碩士班，請代索取招生簡章一份，以便轉寄參考；

(3)×月×日（星期×），假座××路××號××餐廳，便餐招待臺中女中在台北校友，是日中午十二時，務請　光臨。餐後同往中山博物院參觀。

日前往東南亞一遊，購得泰國佛像一尊，造型極為莊嚴美觀，謹以奉贈，務請哂納。舍親〇君，有意投考　貴校哲學研究所碩士班，請代索招生簡章一份，以便轉寄參考。妹訂於×月×日（星期×），假座××路××號××餐廳，便餐招待臺中女中在台北諸友，是日中午十二時，務請

光臨是幸！餐後，同往中山博物院參觀，作半日之遊。不宣。即請
○○吾姊台安！

妹○○　敬上

六月一日

（五五）寫便條一則，致○○兄。內容包括下列數事（最好用簡單的文言）：

(1)你寫來的便條，我已經看到了；

(2)明天同遊陽明山的約會，因爲我父親從南部來，我必須前往迎接，並立即同往長庚醫院檢查。不能參加，心中十分不愉快；

(3)下星期周末正巧是國定假期，這天晚上七時，我想到你府上拜訪，討論有關「聯合文學」創刊號問題；

(4)我特地寫上這個便條，問候你近日平安。

奉
來示，承
邀偕往陽明山遊覽，本當奉　陪，適值家父北來，必須到車站迎接，隨即前往長庚醫院檢查身體，無法應命，殊以爲悵。下周末（×日），適逢國定假日，晚間七時，弟擬趨府奉謁，討論「聯合文學」有關問題。專此奉布，順頌

近安！此致

〇〇吾兄

弟〇〇〇　再拜

六月一日

（五六）倩人作畫，以酒一尊及現金若干，作爲筆潤之資，書便條（箋）一則，以示謝忱。

附註事項：(1)某畫家抱病趕件，令人心感不已；

(2)畫家夫婦均在病中；

(3)對方（畫家）年齡稍長數歲。

㈠

敬奉

佳釀壹尊暨新台幣壹萬元，戔戔之數，聊表敬意與謝忱而已！務懇　哂納，無任感荷！此致

〇〇大師賢伉儷健康快樂！

後學陳〇〇　載拜敬具

七七、六、一

(二)

敬奉

豫省武陟所產龍膽酒壹尊暨新台幣壹萬元整，務懇　哂納，無任感荷！戔戔之數，不足以酬　抱病趕件之辛勞與美意，聊以答謝　愛護之忱而已！此致

〇〇大師賢伉儷健康快樂！

仰慕人陳〇〇　載拜敬具

七七、六、一

(三)

敬奉

豫省武陟所產龍膽酒壹尊，此物雖得之不易，但未必佳釀也。敬贈　學長雅人，以助盤餐之興而已。務懇　哂納，無任感荷！又筆潤新台幣壹萬元整，戔戔之數，實不足以酬　高人抱病趕件之辛勞與美意也，惟聊表答謝　愛護之忱而已！連日陰雨綿綿，氣候冷暖不定，敬請　珍重攝生！專此奉布，此致

〇〇大師賢伉儷健康快樂！

仰慕人陳〇〇　載拜敬具

七七、六、一

第三章　報告（簽）

「報告」和「簽」的用途，完全相似。這項文件，一般用在「機關（或團體）內部」，由較低單位或人員對上級單位或人員、或相同等級互相之間往返，如須表示意見、有所請求、或有所敘述，都可以應用。如果學生對學校行政單位有所表示，所寫的文件稱「報告」比「簽」好。

實例：

（一）索取書籍

報告

××年××月××日

於〇〇〇〇

受業陳〇〇近閱師大國文研究所集刊第十六號，其中有關小學資料甚多，擬請

吾

師惠賜乙冊，藉資參考。不情之請，尚祈　曲宥是幸！

謹呈

景伊夫子

受業陳○○敬上

民國六十四年三月十二日

于政大

（二）申購圖書

報告

生日前任教於政大中文系，教授古文字學課程。前已購得　貴所出版之殷墟文字丙編及乙編下輯，近聞　貴所猶存甲編及乙編之上、中輯，生擬每種購置乙冊，以爲授課、參考之需，盼能　惠允是禱。

謹呈

屈師翼鵬

生陳○○呈

（三）校外兼課徵求同意

報告

六十四年三月廿七日
于政大中文系

職現任國立中央大學中文系副教授，自六十三年度起，應母校之聘，在中文系教授「古文字學」課程，每週上課二小時，依照規定，擬請　致函中央大學徵求同意。

此呈

中文系主任盧
院　長方
教務長歐陽
校　長李

職陳○○　呈

（四）研究部學生幹事會為舉辦郊遊活動，檢具預算表，請酌予補助經費。

××年××月××日
於本校研究部

報告

一、本會經本學期第一次會議決議通過，定於×月×日舉辦前往石門水庫郊遊活動，藉以充分休閒，並增進相互情誼。
二、該項郊遊活動，共需款新台幣×××元整。各項支出，詳如附表。
三、恭請　惠予補助。
謹呈
訓導長劉
校　長劉
國立政治大學研究部學生幹事會總幹事〇〇〇　謹上

（五）中國文學學會出版「文海」刊物，印刷費用不足，檢具憑證，請求補助。

報告
民國五十一年×月×日
於本校中文系

一、中國文學學會爲慶祝五十二年元旦，出版第×期「文海」一種，四開計壹仟份，經交商承印，需印刷及紙張費用共新台幣捌佰參拾柒元整。
二、檢附第×期「文海」一份，及承印工廠所開統一發票及印刷費清單各乙紙，請核閱。
三、上項印刷費用，除由中文學會自行籌措伍佰參拾柒元外，尚不足參佰元整，擬

請　鈞長惠予補助。

謹呈

系　主　任熊

課外活動組主任賈

校　　長劉

中文系學會總幹事　〇〇〇　呈

附錄：

收據

茲收到國立政治大學發給「文海」雜誌第X期補助費新台幣參佰元整。此據。

中文系學會總幹事　〇〇〇

五十一年十二月二十日

（六）申請保留學籍

報告

民國五十四年十月十六日

于本校教務處

一、學生今蒙錄取進入本校中文研究所碩士班。
二、因正服兵役，必迨明（民國五十四）年九月四日方能退伍，故擬申請保留入學資格。
三、軍旅事忙，不克前來親自辦理，特委託〇〇〇同學代辦，懇請　鈞長准許爲禱
四、恭請　鑒核。
（附呈征召機關証明書乙紙）
謹呈
註冊組主任吳
教　務　長朱
學生陳〇〇　呈
民國××年×月×日
於台北木柵政治大學

（七）申請儘後召集

報告

一、軍部九一二編號教育召集令奉悉。
二、鄙人現就讀國立政治大學中國文學研究所博士班，曾奉台南師管區五十三年十

二月三十日旭暉彬一二六三一號函，核准儘後召集登記在案。
三、退還召集令乙紙，請依法辦理。
此上
高雄縣團管區司令○
陳○○　謹上
五十九年二月廿日

（八）某外籍學生，請求延長獎學金半年，以便完成學業。

報告

于企業管理研究所
一、本人係大韓民國成均館大學交換學生，自一九六八（五十七）年二月前來本校就讀，至明年一月，即將屆滿三年。
二、前於五十七年七月，因志趣改變，獲准由原新聞研究所轉入企管研究所肄業。因須補修學分，故遷延至今猶未畢業。然三年獎學金即將於本（六十）年一月屆滿。
三、為求順利完成學業，擬請　酌情惠予延長獎學金半年，無任感禱。
謹呈

校　長劉

生李〇〇　呈

六十三年五月三日
于中國文學研究所

（九）申請補助畢業論文印製費

報告

一、生等於六十一學年度第二學期，參加第二外國語及學科考試，業經評分及格；因擬於本學期（六十二學年度第二學期）申請論文考試。

二、謹查　本校向有撥發補助金補助博士班研究生印製畢業論文之先例。生等擬循例申請補助。

三、可否之處，懇請察核示遵。

謹呈

所主任高

校　長李

中國文學研究所博士班四年級研究生陳〇〇
呂〇〇謹呈

（十）申請眷屬宿舍

簽呈

民國五十八年十月九日
於高師院

一、員卜訂於民國五十九年元月二十五日結婚。
二、為期就近授課輔導方便起見，擬請學校酌情惠撥眷屬宿舍乙棟，實為德便。
三、恭請
核備

謹呈

院長金

教員陳○○　呈

（十一）申請改聘為教授

簽呈

民國七十一年七月卅一日
於本校中文系

主旨：請改聘為教授由。
說明：

一、職於民國六十三年七月獲博士學位後，即應聘國立中央大學中文系擔任副教授，迄今已有八年。今年又經中大升等爲教授。職在母校兼任教職，前後亦積有八年。

二、檢呈中大核發之教授聘書影本乙份。敬請　准予改聘爲兼任教授。

謹呈

系主任李

院　長徐

教務長葉

校　長歐陽

職陳〇〇　呈

民國七十二年五月二十日

于本校中文系

（十二）申請改聘爲教授

簽呈

主旨：請改聘爲教授由。

說明：

一、職頃接教育部教授證書，其年資並准予從七十一年八月一日起算。
二、檢呈教育部教授證書、政大副教授聘書、中大教授聘書各壹份。敬請准予改聘爲兼任教授。

謹呈

系主任李
院　長徐
教務長葉
校　長歐陽

職陳〇〇　呈

（十三）簽呈出版刊物

簽呈

六十六年六月五日
于中央大學中青社

事由：呈送中大青年十期一份，敬請　核閱，以便發行。
一、中大青年第十期業已編印底（竣）事。
二、著手之初，雖幾經周折，惟得訓導長之指示與支持及〇〇〇同學之豐富經驗與辛勤努力，尚稱差强人意。

三、經職審慎檢查，本期文字尚無重大逾越之處，但此係對外具有代表性之刊物，不應發生任何差錯，謹檢呈一份，仍請

核閱，以便發行。

謹呈

轉呈

課外活動組主任易

訓導長胡

校長李

職陳〇〇呈

（十四）國立〇〇大學教授簽請再度延長服務期間

××年×月×日

簽　於中文系

一、流年似水，前蒙兩度轉請延長服務年限，倏爾又將屆滿。

二、茲承人事室通知：如擬再行延長服務期間，須即報請核示，庶免延誤云云。
三、竊思賤體健旺如牛，仍堪力田耘耕，用是未甘自棄。敬懇
惠予報部請准再延一年，毋任感荷！

謹呈

系主任○
院　長○
教務長○
校　長○

中文系教授○○○謹簽

（十五）某機關單位主管人員簽請本機關首長批示決行

簽呈

中華民國××年×月×日
於○○○○

主旨：教育部函送「無軍籍女性軍訓教官甄選任用辦法」，內容有待商討，擬復請再加研議，請核示。
說明：

一、軍訓教官的甄選任用，國防部已訂有「高級中等以上學校軍訓教官甄選任用辦法」，規定以現役軍官爲合格。

二、現教育部所訂辦法，以無軍籍女性充任軍訓教官，在服制、服役（勤）、任用、待遇、考績、退役等各項問題的處理上，均無法規依據。軍訓教官如自民間考選，應仍以合格的後備軍人爲妥。

擬辦：擬函復教育部約集有關機關先作政策性的研究。

○○○

【衍義】

①此件係行政院行政機關公文製作改革要點規定的格式，如依行政院秘書處稍後所印發的「行政機關公文處理手冊」所舉的範例，「簽呈」二字應改爲「簽」字，才符合民主精神。

②此件係國防部某單位對本機關的內部行文。

③簽辦者簽名或蓋職章一般都可以，但仍以蓋職章爲宜。

④正文結束後，應加「敬呈」或「此上」二字，並將「被簽請人」（也就是請作「裁定」的「批示人」）換行頂格書寫。

⑤簽的用紙，常印有批示一欄，以便首長批示。

（十六）具有幕僚性質單位主管簽請機關首長批決所擬定的辦法

簽

××年×月×日

於×××

主旨：××部爲亞洲開發銀行請撥付亞洲蔬菜研究發展中心補助費新台幣×××元，擬准動支本年度第二預備金，簽請核示。

說明：××部函爲××銀行以亞洲開發銀行請自該行B帳戶我國繳付本國幣股本內支付亞洲蔬菜研究發展中心新台幣×××元，業先行墊撥，上項亞洲蔬菜研究發展中心補助費，本年度未列預算，既由××銀行墊付，請准在××年度第二預備金項下撥還歸墊。又本案事關涉外重要案件，特專案簽辦。

擬辦：擬准照××部所請在本年度中央政府總預算第二預備金項下動支。

敬　陳

○　長○

副○長○

職○○○（蓋職章）

【衍義】

①此件係行政院秘書處所印發的「行政機關公文處理手冊」中舉的範例。

②簽請人想爲行政院主計長：「○長」、「副○長」想爲「院長」、「副院長」。

（十七）活動中心幹部申請暑期住校

報告

中華民國七十三年六月十七日
於本校學生活動中心

主旨：本中心七十三學年度幹部，爲籌劃該年度相關事宜，擬於暑假期間，申請在校住宿，請予核准。

說明：

一、本校七十三學年度學生活動中心幹部業已產生，暑假期間，因籌畫相關事項，方便進行，並爭取效益起見，自以全體住校爲宜。

二、檢附申請住宿幹部名單一份。

此呈

課外活動組主任王
生活輔導組主任楊
訓　導　長唐
核轉

校　　長余

七十三學年度學生活動中心總幹事〇〇〇　謹上

附：學生原件：

七十三年六月七日

於

報告

一、主旨：七十三學年度活動中心幹部於暑假期間申請住宿學校，請予核准。

二、說明：　爲籌劃七十三學年度第一學期工作及相關事宜。幹部共申請十二名。

此陳

課外活動組主任

生活輔導組主任

訓導長

校長

活動中心總幹事〇〇〇

（十八）中青社「金筆獎」頒獎儀式，請與週會合併舉行

報告

民國七十三年五月十九日
於本校中青社

主旨：本社所舉辦之第X屆「金筆獎」徵文活動，業經徵文評選竣事，各組得獎名單並已揭曉，爲求擴大其影響，且示隆重起見，擬請　鈞座於五月二十三日週會時，一併舉行頒獎儀式，懇請　惠予允准。

說明：檢附得獎名單一份。

此呈

課外活動組主任王

訓導長唐

核轉

校長余

中青社社長〇〇〇　敬上

附：學生原件：

報告　七十三年五月十九日
於

主旨：金筆獎得獎同學擬請　校長於五月廿二日週會時頒獎，請核准。

此呈

訓導長

校　長

中青社社長　○○○

(十九) 土風舞社舉辦「土風舞營」活動，請鑒核

七十二年十月十二日

於中央大學土風舞社

報告

主旨：本社爲舉辦第×屆「土風舞營」活動，擬具活動辦法一種，敬請　鑒核。

說明：檢附上項活動辦法一份。

謹呈

課外活動組主任王

訓　導　長唐

核轉

校　長余

土風舞社社長　○○○　謹上

國立中央大學土風舞社舉辦第三屆「土風舞營」活動辦法

一、活動宗旨：從我國各地民間所流行、全球各民族所特有的土風舞步，體認一般活動情趣，以及各自的生活風貌；透過健康活潑舞蹈的倡導，充實休閒生活的內涵，並促進校風朝向純樸與和諧發展。

二、時間地點：此項活動，分兩次進行：
十二月二十二日（星期六）在學生活動中心三樓。
十二月二十三日（星期日）在學生餐廳一樓。

三、訓練內容：列舉如下：
㈠團體康樂活動一般訓練；
㈡簡介各國土風舞的起源和演變；
㈢舞曲教授；
㈣基本舞步演練；
㈤整體演練。

四、指導老師：舉辦此次活動所需聘請之指導老師，由本社提經課外活動組轉請學校核聘，其姓名、特長、指導項目、及指導鐘點費等，列表說明如下：

㈠吳瑢瑜老師：前任本社指導老師，精於「華爾滋舞」與「探戈舞」，支付指導費新台幣八〇〇元。

㈡陳榮佳老師：精於巴爾幹等南歐地區舞蹈，負責指導弦歌表演，支付指導費新台幣八〇〇元。

㈢蔡輝煌老師：現任本社指導老師，擅長美國「方舞」的教授和氣氛控制，支付指導費新台幣二〇〇元。

五、參加人員：以左列兩類爲限：

㈠本社社員；

㈡全校對土風舞有興趣的同學。

六、參加名額：以六十名爲限，男女各半數，非社員部分，以補足男女各三十人爲原則，額滿即止。

七、活動收費：按下列兩項原則收費：

㈠社員，各自繳納新台幣壹佰元；

㈡非社員，各自繳納新台幣壹佰貳拾元。

八、經費概算：此項活動「經費概算」，列表如下：

甲・收入部分（附注經費來源）——

㈠收取參加人員費用：社員××人，計×××元；非社員××人，計×××元；兩共×××元。

㈡經由課外活動組核轉　學校補助新台幣一、八〇〇元整；

㈢不足之×××元，悉由學生活動中心補足。

以上三項，合計新台幣四、九〇〇元整。

乙・支出部分——

指導老師鐘點費新台幣一、八〇〇元；

場地佈置及宣傳費新台幣二〇〇元；

唱片器材費新台幣八〇〇元；

資料袋六十份新台幣一、五〇〇元；

名牌六十份新台幣六〇〇元。

以上五項，合計新台幣四、九〇〇元整。

甲、乙收支，足以相抵。

附：學生原件（二稿）

報告

民國七十二年十月十二日

於課外活動組

一、名稱：中大第三屆土風舞營。

二、主旨：㈠以快樂的舞蹈促進校風之和諧，從各國舞蹈中體認各民族之生活況味。

㈡提倡校內土風舞之風氣，並爲校儲備舞蹈人才。

三、地點：㈠二十二日——活動中心三樓。

㈡二十三日——樓下餐廳。

四、時間：㈠十月二十二日——週六。

㈡十月二十三日——週日。

五、對象：㈠本社新社員。

㈡對土風舞有强烈喜愛者。

六、經費來源：㈠請課外活動組補助一千八百元。

㈡學生活動中心。

㈢學員繳費。

七、名額：六十名。

八、師資：㈠吳瑢瑜：前任指導老師，精於華爾滋與探戈。

㈡陳榮佳：弦歌表演組，精於巴爾幹等南歐舞蹈。

㈢蔡輝煌：本社指導老師，特別擅長美國方舞之教授與氣氛之控制。

九、訓練內容：㈠基本舞步演練。

㈡舞曲教授。

㈢簡介各國土風舞之形成與來源。

㈣團康訓練。

十、收費：㈠社員：一〇〇。

㈡非社員：一二〇。

土風舞社社長　〇〇〇

（二十）松濤社舉辦「復興營」活動，請鑒核

報告

民國七十二年×月××日

於本校松濤社

主旨：本社為使社員認識當前國家情勢，培養愛國情操，訂於十月十五日至十月十六日，舉辦「復興營」活動，茲擬具該項活動辦法一種，敬請　鑒核。

說明：檢附上項活動辦法一種。

謹呈

課外活動組主任王

訓導　長唐

核轉

校　　長余

松濤社社長　〇〇〇　謹上

國立中央大學松濤社舉辦「復興營」活動辦法

一、宗旨與內容：活動共分三類，並分別注明其宗旨如下：

甲・風景遊覽——小烏來瀑布、和溪口吊橋的遊覽，以製造活潑和諧的氣氛；

乙・團體遊戲——舉行自強晚會、晨課讀訓、和大地遊戲，以培養奮發向上的精神；

丙・分析討論——舉行「當前問題剖析」及「駁斥不當言論」兩項活動，促使社員認識當前國家的情勢，以增進愛國的情操。

二、時間與地點：十月十五、十六兩日、與十五日一夜，在桃園縣復興鄉復興山莊舉辦活動。

三、指導老師：舉辦此次活動所需聘請的指導老師，由本社提送課外活動組轉請學校核聘，其姓名、專長、講授內容等，列表說明如下：

甲．吳○○先生，現任××大學教授，精於匪情分析，請其對「當前重要問題」作清晰的「剖析」；

乙．陳○○先生，現任××大學教授兼訓導長，對青年領導工作極富經驗，邀作「駁斥不當言論」的演講。

四、參加人員：社員八十五人，全數參加。

五、活動日程表：

十月十五日

13:00～14:30	出發
14:30～17:00	遊覽小烏來瀑布
17:00～17:30	往山莊
17:30～17:55	簡報分配宿舍
17:55～19:30	自由活動
19:30～21:30	自強晚會
21:30～22:30	小組活動
22:30	就寢

十月十五日

起床升旗	6:00～6:45
晨課讀訓	6:45～7:20
早餐	7:20～7:55
當前重要問題解剖	8:00～9:30
休息	9:30～10:00
駁斥不當言論	10:00～11:30
溪口吊橋霞雲烤肉	11:30～13:30
大地遊戲	13:30～14:30
回山莊	14:30～14:55
返校賦歸	14:55

參加人員一律於十五日下午一時正，在學校大門前集合，搭乘桃園客運專車前往復興山莊。

六、經費概算：

甲・收入部分（並各附注「經費來源」）——

㈠社員繳交：每人新台幣二〇〇元，八十五人，小計一七、〇〇〇元；

㈡經由課外活動組向學校申請補助新台幣二、〇〇〇元；

㈢不足××××元，由本校學生活動中心補助。

以上三項，合計新台幣二二、二〇〇元整。

乙・支出部份——

㈠指導老師二人，每人鐘點費五〇〇元、車馬費三〇〇元，小計一、六〇〇元；

㈡交通費：全體參加人員搭乘桃園客運專車兩部，前往復興山莊，每車租金三、五〇〇元，兩車小計七、〇〇〇元；返程各自料理。

㈢住宿費：復興山莊每人每夜六十元，八十五人，小計五、一〇〇元。

㈣膳食費：⑴十五日晚餐，由本校餐廳代辦飯盒，每份三十元。

⑵十六日早餐，由山莊供給，每人三十元。

⑶十六日午餐，以烤肉方式進行，每人約費材料等項四十元。

以上小計八、五〇〇元。

以上四項，合計新台幣二二、二〇〇元整。

甲乙收支，足以相抵。

附：學生原件：

報告

民國七十二年十五、十六日

於復興山莊

名稱：松濤社復興營。

主旨：使社員認識當前國家情勢，培養社員愛國情操。

說明：希望能在活動中培養社員的使命感和對時事的了解。

辦法：於十月十五、十六日兩天，在復興山莊舉辦兩天一夜的活動。

15／10

出發	13:00～14:30
遊覽小烏來瀑布	14:30～17:00
往山莊	17:00～17:30
簡報 分配宿舍	17:30～17:50
自由活動	17:55～18:30
自強晚會	19:30～21:30
小組活動	21:30～22:30
就寢	22:30

16／10

起床 升旗	6:00～6:45
晨課 讀訓	6:50～7:20
早餐	7:30～7:55
當前重要問題剖析	8:00～9:30
休息	9:30～10:00
駁斥不當言論	10:00～11:30
溪口吊橋 霞雲烤肉	11:30～13:30
大地遊戲	13:30～14:30
回山莊	14:30～14:55
返校賦歸	14:55

預計參加人數八十五人。

主辦單位：松濤社。

經費：經費預計二一、三六〇元，參加人員每人負擔二〇〇元；請課外活動組能補助二、〇〇〇元。

松濤社復興營經費概算：

㈠食的方面：救國團復興山莊消費每人早餐三十元，午餐及晚餐各六十元，由於花費在食的方面就需要一五〇元，非社員所能負擔，因此原訂的晚餐六〇元改爲飯盒（由學校餐廳負責）三十元，早餐由山莊負責三十元，午餐改以烤肉的方式進行，花費四十元，總計每一位社員在食的方面花費一〇〇元。

㈡住的方面：山莊通鋪每人六〇元。

㈢行的方面：社員於十五日（星期六）中午在學校集合，搭乘桃園客運專車由學校→復興→小烏來瀑布→復興山莊。每車需花費三、五〇〇元，全社員活動共需兩車，共計七、〇〇〇元。所以每人需負擔八十七元。回程由社員在山莊解散，由幹部招呼社員自行購票返校。

㈣課程方面：聘請兩位講師講授課程，每位講師鐘點費五、〇〇〇元，車馬費三〇〇元，共需一、六〇〇元。

由以上資料可知活動人數八十五人，生活費用加上課程講授一、六〇〇元，共需二一、三六〇元。社員參加活動每人負擔二〇〇元，共可自籌一七、〇〇〇元，希望活動中心能補助二、〇〇〇元，並請課外活動組能補助二、〇〇〇元。

第四章　公文

一、公文程式條例

公文的制作與處理，必須以政府所訂公文程式條例爲依據。茲將現行「條例」抄錄如左，以便遵循：

公文程式條例

中華民國六十一年一月十八日立法院會議審議通過
中華民國六十一年一月二十五日總統公布施行
中華民國六十二年十月十九日立法院會議修正通過第二、三條條文
中華民國六十二年十一月三日總統公布施行
中華民國八十二年二月三日修正公布第二、三，並增訂第十二之一條條文

第一條　稱公文者，謂處理公務之文書，其程式除法律別有規定外，依本條例之規定辦理。

第二條　公文程式之類別如左：

一、令　公布法律，任免、獎懲官員，總統、軍事機關、部隊發布命令時用之。

二、呈　對總統有所呈請或報告時用之。

三、咨　總統與國民大會、立法院、監察院公文往復時用之。

四、函　各機關間公文往復，或人民與機關間之申請與答復時用之。

五、公告　各機關對公衆有所宣布時用之。

六、其他公文。

前項各款之公文，必要時得以電報、電報交換、電傳文件、傳眞或其他電子文件行之。

第三條　機關公文，視其性質，分別依照左列各款，蓋用印信或簽署：

一、蓋用機關印信，並由機關首長署名、蓋職章或蓋簽字章。

二、不蓋用機關印信，僅由機關首長署名、蓋職章或蓋簽字章。

三、僅蓋用機關印信。

機關公文依法應副署者，由副署人副署之。

機關內部單位處理公務，基於授權對外行文時，由該單位主管署名，蓋職章，其效力與蓋用該機關印信之公文同。

機關公文蓋用印信或簽署及授權辦法，除總統府及五院自行訂定外，由各機關依其實際業務自行擬訂，函請上級機關核定之。

機關公文以電報、電報交換、電傳文件、或其他電子文件行之者，得不蓋用印信或簽署。

第四條　機關首長出缺由代理人代理首長職務時，其機關公文應由首長署名者，由代理人署名。

機關首長因故不能視事，由代理人代行首長職務時，其機關公文除署首長姓名，注明不能視事事由外，應由代行人附署職銜、姓名於後，並加注代行二字。

機關內部單位基於授權行文，得比照前二項之規定辦理。

第五條　人民之申請函應署名蓋章，並注明性別、年齡、職業及住址。

第六條　公文應記明國曆年月日。機關公文應記明發文字號。

第七條　公文得分段敘述，冠以數字。除會計報表、各種圖表或附件譯文，得採由左而右之橫行格式外，應用由右而左直行格式。

第八條　公文文字應簡淺明確，並加具標點符號。

第九條　公文除應分行者外，並得以副本抄送有關機關或人民；收受副本者，應視副本之內容，爲適當之處理。

第十條　公文之附屬文件、附件在二種以上時，應冠以數字。

第十一條　公文在二頁以上時，應於騎縫處加蓋章戳。

第十二條　應保守祕密之公文，其制作、傳遞、保管，均應以密件處理之。

第十二條之一　機關公文以電報交換、電傳文件傳眞、或其他電子文件行之者，其制作、傳遞、保管、防僞及保密辦法，由行政院統一訂定之。但各機關另有規定者，從其規定。

第十三條　機關致送人民之公文，得準用民事訴訟法有關送達之規定。

第十四條　本條例自公布日施行。

二、公文的種類

現行的公文程式條例，規定公文分爲：「令」、「呈」、「咨」、「函」、「公告」、「其他公文」六大類。所謂「其他公文」，是指「施政報告」、「施政計畫」，以及「報告」、「證書」、「聘書」、「獎狀」等等。前項各類公文，除第五類外，必要時都可以用「電報」或「代電」行文。

現在逐項說明如下：

㈠令　就是「命令」，簡稱為「令」，是布公法律，任免、獎懲官員（現在通稱公務員），由總統、軍事機關、部隊發布命令時所用的公文。「令」有交辦、指揮的作用，具有強制性。用令行文，可以強化公文的效力，貫徹政令的推行。原先的公文程式條例中，「令」有「訓令」、「指令」的分別，但現行公文程式條例為了要求簡化，一律稱做「令」（現行公文程式條例第二條第一項第一款）。按行政院六十二年二月、六月訂頒的行政機關公文製作改革要點和行政機關公文處理手冊規定，除公布法規、人事任免（調遣、獎懲、考績）仍用「令」外，一律用「函」或「書函」行文，並且取消公文「上行」、「下行」的差異。

㈡呈　「呈」是對總統有所呈請或報告時使用的（同條例第二條第一項第二款）。現行公文程式條例所以如此規定，使用的範圍比以前縮小，一方面是為了維持行政機關的組織體制，一方面是對國家元首表示尊重。從性質方面看，「呈」仍然有「呈請」、「呈報」、「呈復」、「呈繳」、「呈述」等的分別。所謂「呈請」，是有所請求時用的；「呈報」是有所報告時用的；「呈復」是有所答復時用的；「呈繳」是繳交文物、款項等用的；「呈述」是呈述意見以供採擇時用的。

㈢咨　現行公文中，使用「咨」的時候很少，只有總統和立法院、總統和監察院間，相互行文纔應用（同條例第二條第一項第三款）。因爲立法和監察兩院的委員，都是由民衆或民意代表（監察委員由各省市議會選舉）選舉產生的，政府機關（內政部）頒發的是「當選證書」，而並非「任命狀」。即使立法和監察兩院的院長和副院長，也都是由各該院委員互選產生的（憲法第六十六條、第九十二條），也不是總統所任命。爲了表現民主精神，並且符合憲法（第六十九條第一款）的規定，現行公文程式條例第二條明白規定：總統和這兩院間公文往復，一律用「咨」。至於行政機關相互間行文，就一律不適用「咨」了。

美國總統對國會行文也用「咨」，像總統對國會提出的「國情咨文」和「外交政策咨文」都是。這些文字，所以譯稱「咨」，也不外表明互相間關係特殊和尊敬對方的意思罷了。

㈣函　「函」是各機關間公文往復，或人民和機關間申請或答復時使用。這裡所謂「函」，是指辦理「公務」所使用的「函件」，也就是所謂「公函」，而不是私人間爲私事通信用的「箋函」、「信函」。因爲私人純爲辦理私人事務和私人間通信所用的「函」，不在公文程式範圍以內。還有公文程式範圍內的「函」，當然是指「公函」說的，因而現行公文程式條例第二條第一項第四款就直接稱作「函」

，而無須採用「公函」兩字。

「函」的用途範圍很廣，凡同級機關或彼此不相隸屬的機關、或團體和團體間沒有隸屬關係、或機關和團體（團體和機關）間，彼此有所洽辦或答復，都可以應用。使用「函」的雙方，在精神上是平等的，因而它不帶有指揮意味和强制作用。不但如此，即使是人民和機關間的「申請」和「答復」，仍然用「函」來處理，表示平等。

現行公文程式條例修正案規定，凡機關間（不分上行、下行）公文往復，都可以用「函」，因而「函」的適用範圍更加寬廣，更可顯示政府推行民主政治的精神所在（同條例第二條第一項第四款），這是此次修正的重大革新。

舊有的公文程式條例中，本有「通知」和「申請書」兩款，已在上次修正時加以刪除，卻用「函」來適應這兩項的需要，並條正「函」的涵義，擴充爲「同級機關或不相隸屬之機關有所洽辦，或人民與機關間之申請與答復時用之」（舊公文程式條例第二條第一項第四款）的規定。其所以要如此修正，目的在於要求程式上適應民主潮流，實際上兼顧機關體制。依照此項立法意旨看來，今後在公文上，對於「通知」和「申請書」，似乎不宜再用，但事實上，一般使用的仍然不少。

關於行文類別的疑義，行政院對臺灣省政府曾釋示如下：今後人民團體和政府主管機關相互行文，一律用「函」，不再用「呈」與「令」。因爲人民團體是法人，本質上和一般民衆沒有分別，而且和政府機關並沒有隸屬的關係。所以人民團體和政府機關間相互行文，所有非表格式而用文字敘述的，一律用「函」而不用「呈」和「令」。至於各機關依據有關法規的規定格式，印備人民申請用的表式申請書表，除法律規定必須使用「申請書」的名稱以外，一律改稱爲「申請表」。表中如有「呈」或「謹呈」字樣，並須一律改爲「此致」二字。如此，方更符合現行公文程式條例中的民主精神。

總結地說，「函」的使用範非常廣泛，逐類分析如下：

(1)上級機關（團體）對下級機關（團體）有所指示、或交辦、批復時，都可以用函行文；

(2)下級機關（團體）對下級機關（團體）有所請求、或報告時，都可以用函行文；

(3)同級機關（團體）、或不相隸屬的機關（轉體）間互相往來，都可以用函行文；

(4)人民和機關（團體）之間，申請或答復時，都可以用函行文。

按照行政院六十二年頒發的行政機關公文製作改革要點和處理手冊規定，除國防部軍令系統行文仍然依照它的規定以外，不論對上級機關、同級機關、下級機關，一律用「函」行文。有時，事項尚在洽商階段，或者爲了「簡」「便」，常常不用正式的「函」，而改用不怎麼正式、效果卻相同的「書函」來往。書函的結構，由各機關自行規定，但「簡明清楚」的原則，必須把握。

另外，還有一種廣泛被應用，以機關或其首長、主管私人出面，既親切又簡便的「箋函」，事實上也被廣泛應用。凡對平行或不相隸屬的機關（或團體），所洽辦的事不怎麼重要，或有特殊需要時適用。箋函是一種「便函」，可以用信箋或白紙書寫。目前，大都以打字代替書寫。以機關名義出面的，可以蓋機關（或機關）條戳，但不必蓋大印，也無須具首長姓名。文件起首，多半用「敬啓者」（表示尊敬對方）或「逕啓者」。如省去此項套語不用，可改用一個「查」或「准」（在復文時用）字開頭。文中所敘事件如有數項，或因繁複而須逐層分析，一一說明理由，不妨分段寫作。受文者寫在文末。一般用「此致」或「此復」（用在復文中）兩字，然後換行抬頭頂格接寫對方機關（或團體）的名稱。發文者如爲機關（或團體），除必須記明國曆年月日外，仍以編號爲宜，以便查考。依目前趨勢而言，亦常以「書函」方式，代替「箋函」。

箋函亦可用另一種方式寫作，以機關（或團體）首長個人或單位主管出面。從形式上看，這種箋函也就是通常所謂「書簡」，屬於「私函」性質。但從實質上說，卻往往與「公文」具有同等的效力。這種箋函，雖以洽辦公務爲主，卻不必避免客套寒暄，或其他陪襯語句。函前右下方，加蓋發文字號亦可。

附：節錄「行政機關公文處理」

行政院六十二年六月廿二日
頒訂自七月一日起實施

公文結構及作法

第二款　函

1、行政機關的一般公文以「函」爲主，製作要領如下：

(1)文字敘述應儘量使用明白曉暢，詞意清晰的語體文，以達到公文程式條例第八條所規定「簡、淺、明、確」的要求。

(2)文句應正確使用標點符號（標點符號用法表見附錄）。

(3)文內不可層層套敘來文，祇摘述要點。

(4)應絕對避免使用艱深費解、無意義或模稜兩可的詞句。

(5)應採用語氣肯定、用詞堅定、互相尊重的語詞。

(6)函的結構，一律採用「主旨」、「說明」、「辦法」三段式，案情簡單的函，儘量用「主旨」一段完成，能用一段完成的，勿硬性分割為二段、三段；「說明」、「辦法」兩段段名，均可因事、因案加以活用。

2、公文分段要領：

(1)「主旨」：為全文精要，以說明行文目的與期望，應力求具體扼要。

(2)「說明」：當案情必須就事實、來源或理由，作較詳細的敘述，無法於「主旨」內容納時，用本段說明。本段段名，因公文內容改用「經過」、「原因」等其他名稱更恰當時，可由各機關自行規定。

(3)「辦法」：向受文者提出的具體要求無法在「主旨」內簡述時，用本段列舉。本段段名，可因公文內容改用「建議」、「請求」、「擬辦」等更適當的名稱。

(4)各段規格：

①每段均標明段名，段名之上不冠數字，段名之下加冒號「：」。

②「主旨」一段不分項，文字緊接段名書寫。

③「說明」、「辦法」如無項次，文字緊接段名書寫；如分項條列，應另行書寫。項目次序如下：一、二、三、……，(一)、(二)、(三)……，1、2、3、……，(1)、(2)、(3)……。

「說明」、「辦法」分項條列，內容過於繁雜時，應審酌錄爲附件。

㈤公告　「公告」是對於公眾有所宣布時用的（同條例第二條第一項第五款）。按照它的用途和性質可以分爲宣告、告示、勸誡、徵求四類。

依照行政院行政機關公文製作改革要點和處理手冊的規定，政府機關向公眾宣布的公告，一律改用語體文書寫，並且採用條列式。公告是對公眾直接表達意思的一種公文，所以首先加以改革。改革要點列舉如左：

⑴公告一律使用通俗、簡淺易懂的語體文製作，絕對避免使用難深費解的詞彙。

⑵公告文字必須加註標點符號。

⑶公告內容應簡明扼要，非必要的或與公告對象的權利義務無直接關係的話不說；各機關來文日期、文號，不要在公告內層層套用；會商研議的過程也不必在公告內敘述。

⑷公告的結構分爲「主旨」、「依據」、「公告事項」（或說明）三段，段名之上不冠數字，分段數應加以活用，可用「主旨」一段完成的，不必勉強湊成兩段、三段，可用表格處理的儘量利用表格。

⑸公告分段要領：

①「主旨」：用三言兩語勾出全文精義，使人一目瞭然公告目的和要求。「主旨」的文字緊接段名冒號之下書寫。

②「依據」：將公告事件的來龍去脈作一交代，但也只要說出某一法規和有關條文的名稱，或某某機關的來函即可；除非必要，不敘來文日期、字號。「依據」有兩項以上時，每項應冠數字。

「公告事項」（或說明）：是公告的主要內容，必須分項條列，冠以數字，力另行低格書寫，使層次分明，清晰醒目。倘公告事項內容祇就「主旨」補充說明事實經過或理由時，可改用「說明」為段名。公告如另有附件、附表、簡章等文件時，祇需提到參閱「某某文件」，公告事項內不必重複敘述。

(6)凡登報的公告，可用較大字體簡明標示公告的目的，免署機關首長職稱、姓名。

(7)一般工程招標或標購物品等公告，儘量用表格處理，免用三段式。

(8)凡在機關佈告欄張貼的公告，必須蓋用機關印信，可在公告兩字下闢出空白地位蓋印，以免字跡模糊不清。

公告的發布方式，得視需要張貼於公告欄或其它顯著地點，或利用報刊等傳播工具。

㈥其他公文　觀察六十一年一月十八日立法院修正公文程式條例時，對「其他公文」一款的立法意旨，瞭解：所謂「其他公文」，係指施政報告、施政計畫，以及報告、證書、聘書、獎狀等而言。

公文程式條例第二條第二項說：「前項各款之公文，除第五款外，必要時得以電報或代電行之。」如此，則用電報或代電，如用在公務上當作公文行使時，自然也屬於公文的範圍。

至於一般機關（或團體）對內、對外通常應用的簡便公文，約有下列數種：

(1)手諭、條諭　機關首長，對屬員的任免或有所指示時用之。

(2)通告——機關（或團體）內某一單位，須將某一事件通知本機關（或團體）全體員工時用之。現在也有用「通報」而不用「通告」的。

(3)通知——在本機關（或團體）內各單位之間，有所洽辦或通知，需要在檔案中留作證據的，常常利用通知。通知用信箋或便條紙寫都可以，並且不必按照一定的格式，只須蓋上本單位的戳記，或者再加上主管或經辦人員的簽字、蓋章就成。

對外行文，內容簡單的仍可用通知，如邀請出席會議，用「函」用「通知」均可。

(4)簽——同一機關的低級人員對上級主管或首長，有所請示、請求、或陳述時，可用簽來表達。下級機關的首長對上級機關的首長，有機密的、重要的陳述、請求或請示時，也可用簽來表示。這類性質的簽，如有必要，可不經過收發程序，由下級機關首長逕呈或密呈上級首長，以防洩漏。

三、公文的結構

位照現行公文日趨簡化的規定，公文的結構大致可分爲：主旨、說明、辦法三個部份。茲依據行政院所頒行政機關公文製作改革要點的規定，分述如下：

公文結構，在格式方面要訂立劃一的標準，並且力求簡化。除外交部的對外文書和僑務委員會和海外僑社、僑胞間行文，必須因時、因地、因事制宜，可在簡化原則下依照各自製訂的程式處理以外，其餘一律均須依據公文程式條例來制作。也就是說，要在結構上符合所有的各項規定。現在逐項說明如左：

甲、「機關（團體）名稱」及「文別」　在公文紙上端，首須標明發文機關（團體）的「名稱」（即一般所謂機關「全銜」）及「文別」（文件的類別，如「令」、「呈」……）。機關名稱，不可「省稱」；字也不可簡寫、俗寫；而且要用比本文略大的宋體字。總統對外發布的「令」、或對立監兩院的「咨」，都不能寫作「總統府」令、「總統府」咨，應該寫作「總統」令、「總統」咨。

乙、「受文者」　現行公文都把「受文者」的「名稱」寫在公文前端的第一行。如受文者爲機關（團體），要書寫全銜；如受文者爲民衆，即應在姓名下加「先生」或「女士」二字，或「君」字。如爲民意代表，應該加稱職銜，作「〇代表〇〇」、「〇委員〇〇」。「公告」、「布告」的對象是一般性的「公衆」，則無須寫「受文者」的「名稱」。如果是民衆對機關（團體）的申請函，「受文者」的「名稱」也可寫在正文後面。從理論上說，行文時雖然可在「名稱」前用「此致」二字，但是爲禮貌起見，仍然以用「此上」或「謹上」二字爲宜。對縣市長，應寫作「××縣〇縣長」、或「××市〇市長」，不必加「政府」二字。

公文的「正文」，一般都採用主旨、說明、辦法三段式制作。至於一篇公文分段的數目，以及說明、辦法兩段的標題名稱，都可以因事、因案加以活用。正文一般可分爲三段，其要點分述於後：

丙、主旨　是每篇公文的精要，在於說明行文的「目的」和「期望」。「主旨」的文字，應力求具體扼要，肯定明確，千萬不可模稜兩可。簡單的公文，能夠用一段說完的，儘量用一段文字完成。千萬不要把一段可以說完的文字，硬性分割成爲兩段、三段。

丁、說明　如果一件公文的案情，非依據事實、來源、或理由，作比較詳細的敘述，不能說清楚；也就是要說的話很多，「主旨」一段不能容納，此時就須加寫一段。這段加寫的文字該用甚麼標題，用「說明」？用「依據」？用「理由」？還是用別的甚麼作標題，那要看需要，斟酌決定。

辦理一件公文，必定有其「原因」（或「因緣」）、或「引據」（或「依據」）。但引據法令或案件時，必須注意左列五事：

①必須注意時效，和現正辦理的這件公文關係如何；同時，還要注意適用的地區。

②引據來文，該「節引」，該「撮引」，應斟酌實際情形加以決定；如果必須全部引用，可改用「附件」方式處理。

③引據事實，必須注意事件的眞實性；如無十分把握，以不引用爲宜。

④引據前案，先要查明原案確已成立；引據文件，要查卷，不能全憑記憶。

⑤引據理論，要絕對正確，不可杜撰或虛構；既要合情、合理、合法，並且還要是大衆所認同的理論。

戊、辦法　向「受文者」提出的具體要求，無法在「主旨」內加以簡略敘述時，就可以用「辦法」這項標題，加以列舉。「辦法」這項標題，可能因為公文的內容，改用「建議」、「請求」、或「擬辦」等更適當的名稱。

己、附件　公文在「正文」之外，如有附件，應在「正文」之中加以說明。不然，就要在發文的「附件欄」注明。所謂「附件」，包括文書的「副本」、「印本」、「抄本」、或「表冊」、「單據」、「書籍」、「稿件」及其他物品。附件在二件以上時，應注明數字；數字並須大寫。附件亦須逐項蓋印，以防抽換。

庚、署名　在公文末尾，必須簽署「發文機關首長」的「職稱」和「姓名」。公文的署名有一定款式，「下行文」及「平行文」，僅寫（蓋）「發文機關首長」的「職稱」和「姓名」，如「局長〇〇〇」、「處長〇〇〇」，無須寫「全銜」。如為上行文，「發文機關首長」的「職稱」和「姓名」，就要全部寫出，如「××省××局局長〇〇〇」。但縣市政府的「上行文」，署名時不必寫「政府」二字，僅寫「××縣（市）縣（市）長〇〇〇」。鄉、鎮公所對上級機關行文，署名方式亦同。還有，機關公文依法應副署的，由「附署人」「附署」。如機關首長辭職、撤職、免職、或死亡出缺，由代理人代理職務時，由代理人署名，但「職銜」上應加「代」字。如機關首長因請假、公出、受訓等不能視事，臨時由人「代行」職務時，仍由原首長署名，除注明不能視事的事由外，應由「代行」人「附署」職銜和姓名於原首長的左方，並加注「代行」二字。民衆的「申請函」，除應「署名」「蓋章」外，且須注明「性別」、「年齡」、「職業」和「住址」。

辛、印信　公文蓋印，詳見行政院於六十二年六月頒發的行政機關公文處理手冊，其規定如左：

①呈——用「機關首長全銜」，加「姓名」，蓋「職章」；

②公布令、公告、派令、任免令、獎懲令、聘書、訴願決定書、授權狀、獎狀、褒揚令、及匾額等——用「機關印信」，並蓋機關首長「職銜」及「簽字章」；

③函——上行文，文尾用機關首長職銜及姓名，蓋「職章」。平行文、下行文，蓋首長「職銜」及「簽字章」；或於首長「姓名」下蓋「職章」。

④書函——由發文者署名、蓋私章，或用條戳。

⑤機關職員的任職證明、或其它請求證明身分的「證明文件」，蓋機關印信，並加首長「職銜」及「簽字章」。

⑥機關內部單位主管，根據分層負責的授權，逕予處理事務而對外行文，由

單位主管署名，蓋單位主管「職章」。屬於一般事務性的通知、聯繫、洽辦事項，可蓋機關或「單位章戳」。

⑦公文發文時，原稿不蓋用印信，僅加蓋「已用印信」章戳。公文如在兩頁以上時，應於兩頁相接騎縫處，加蓋「騎縫章」。

⑧「會銜」公文，不蓋用機關印信。

壬、年月日　公文應記明「國曆」年、月、日，如係緊急而有時間性的公文，不妨加塡時刻，作爲公文發生效力的憑證。

癸、編號　機關公文應記明「發文字號」，如此可使發文者便於事後檢查。受文者如須復文、或轉行時，可將來文字號注明，免再抄錄原文。亦可於引用來文號碼之外，加錄來文主旨或簡由。公司行號或人民、民衆團體的申請函、訴願書，就不一定要編號，此即通常的所謂「不列號」。

四、公文作法實例

公文的種類很多，性質也不完全相同，不可能一一舉例。在這裡，且依現行公文程式條例規定的六類，令、呈、咨、函、公告、其他公文等，各舉實例若干則於後，以供研習和參考。根據我們的教學經驗，學習公文，其所以成效不彰，主要的有三項原因：第一，學習的人不處在那個環境，心理上不覺得有那份需要；第二，在讀書、求學時代，接觸不到「公務」，對一般所謂公務感覺生疏，因而發生「繁瑣」「懈倦」的心理；第三，公文的文體多半用淺近文言，不同於一般作文，寫起來不怎麼習慣。解決的方法很多，移到高年級教學是一種；其他，多舉些實例，多講些有關實務的話，應該也有幫助。因爲這個原因，我們收集的範例比較多，範圍也廣泛些。在個別的範例之後，還常常加注一些「衍義」。

㈠ 令

例一、總統公布修正公文程式條例部分條文

總統　令

中華民國六十二年十一月三日
⑹臺統〇字第　××××　號

茲修正公文程式條例第二條及第三條文，公布之。

總　統　蔣　中　正
行政院院長　蔣　經　國

附件：修正公文程式條例第二條及第三條條文。

例二、經濟部修正並廢止行政規章

經濟部　令

××年×月×日
××字第××號

「商品檢驗發證辦法」修正為「商品報驗發證辦法」，並將「各種臨時檢驗通知書及憑證格式使用辦法」予以廢止。

附「商品報驗發證辦法」一份。

部　長　〇　〇　〇

例三、總統任命行政院院長

總統　令

中華民國六十七年五月二十六日
(67)臺統×字第　×××××　號

特任孫運璿為行政院院長。

總　　統　蔣　經　國

行政院代理院長　徐　慶　鐘

【衍義】

①任免官員方式有二：一由總統任免；一由原機關首長任免。總統任免是「特任」、「簡任」、「薦任」；原用機關首長任免是「委任」。

②特任不經銓敘，逕由總統任命；簡任、薦任職，依公務人員任用法第×條規定，須經銓敘合格後，由原機關請簡、請薦，然後總統即明令任命；委任職則經銓敘合格後，由原用機關首長委任。至於去職，凡特任、簡任、薦任職，仍由總統明令免職；凡委任職，由原任機關首長令免。

③任用「令」中，特任官員用「特任」字樣；簡任、薦任官員用「任命」字樣；「委任」官員用「委任」字樣。

④憲法第五十五條第一項規定，「行政院院長由總統提名，經立法院同意任命之。」我國首都在南京，現於臺灣地區發布「公文」，故發文字號加「臺」字。

例四、總統任命總統府秘書長

總統　令

特任〇〇〇爲總統府秘書長。

××年×月×日

××字第××號

總　　統　〇〇〇

行政院院長　〇〇〇

例五、總統任命特派人員

總統　令

特派〇〇〇爲立法院秘書長。

××年×月×日

××字第××號

總　　統　〇〇〇

行政院院長　〇〇〇

【衍義】

①「任」與「派」有區別。「任」用的人員，是機關組織法規中的正額人員；「派」用的人員，是臨時性的人員，或機關組織法規中的非正額人員。

②派任人員，亦有特、簡、薦、委的分別。

例六、總統任命六至九職等（薦任）、十至十四職等（簡任）人員

總統　令

××年×月×日
××字第××號

任命○○○爲內政部秘書。

總　統　○○○
行政院院長　○○○

例七、總統任命薦派、簡派人員

總統　令

××年×月×日
××字第××號

派○○○爲行政院研究發展委員會研究員。

總　統　○○○
行政院院長　○○○

例八、○○部任用五職等（委任）以下人員

○○部　令

××年×月×日
××字第××號

委任○○○爲本部科員。

部　長　○○○

例九、○○委員會任用委派人員

○○委員會令

××年×月×日
××字第××號

委派○○○爲本會組員。

主任委員　○○○

例十、臺灣省○○局任免人員（表格式）

臺灣省○○局　令

發文日期	中華民國　年　月　日
發文字第	（）○人字第××××號

茲核定：

姓名	原任職務	動態	新任職務	暫支薪額 仍原額	附還證件	備註
○○○	○○	○○	○○	○○○○	○○	
○○○	○○	○○	○○	○○○○	○○	
注意事項						

局長　○○○

【衍義】

①依照分層負責規定，委任（五職等）以下人員，由任免機關自行任免；薦任（六職等）以上人員，由總統任免。

②如不用表格式，則特任官用「特任」；簡、薦用「任命」；委任用「委任」。

例十一、臺灣省○○局獎懲人員（表格式）

臺灣省○○局 令

發文日期	中華民國 年 月 日
發文字第	（ ）○人字第××××號

茲核定：

現任職務	職等	姓名	獎懲事項	核定情形	附件	備註
○○	○○	○○○	○○○○	○○○○	○○	
○○	○○	○○○	○○○○	○○○○	○○	

注意事項

局長 ○○○

【衍義】

①依公務人員考績法之規定，獎懲分：嘉獎、記功、記大功；懲處分：記過、記大過。
②獎懲事項欄，填寫應受獎懲之事實。

㈡呈

例一、行政院呈總統請任命省主席

行政院　呈

××年××月××日
( )字第　×××　號

受文者：總統

主　旨：擬請任命李登輝爲臺灣省政府委員兼主席。

說　明：××年×月×日本院第××××次會議決議。

行政院院長　孫　運　璿　職章

【衍義】

①省政府主席之任免，由行政院院長提交行政院院會決議。
②行政院院會通過後，由行政院院長呈請總統任免。
③上行文文後之發文者，均用全銜，並加蓋職章。以下同。

例二、行政院呈請總統請任命院轄市市長

行政院　呈

（ ）字第　×××　號
××年××月××日

受文者：總統
主　旨：擬請任命楊金欉爲臺北市市長。
說　明：××年×月×日本院第××××次會議決議：原任臺北市市長邵恩新因病請辭，已另有任用，並請免職。

行政院院長　孫　運　璿　職章

⑹院臺參字第　五一一　號
中華民國六十一年五月廿日

例三、司法院呈請總統鑒核施行

司法院　呈

受文者：總統
主　旨：京都念慈菴藥廠股份有限公司代表人員〇〇〇因××年至××年營業稅事件，不服財政部所爲之再訴願決定，提起行政訴訟一案，謹檢同判決書（

如附件），請　鑒核施行。

說　明：依據行政法院××年×月×日××字第××號函辦理。

司法院院長　田　炯　錦　職章

【衍義】

①行政法院屬司法院，不能越級呈報。司法院據情呈請總統鑒核施行，此為公文的行文系統。

②訴願法第一條規定：人民對於中央或地方機關之行政處分，認為違法或不當，致損害其權利或利益者，得依本法提起訴願、再訴願。

③行政訴訟法第一條規定：人民因中央或地方官署之違法處分，致損害其權利，經依訴願法提起再訴願而不服其決定或提起再訴願逾三個月不為決定者，得向行政法院提起行政訴訟。已向五院或直隸國民政府（現為總統府）各官署提起之訴願，以再訴願論。

④人民對行政機關的處分不服，可提出訴願、再訴願，如對再訴願仍有不服、或逾三個月不為決定時，可向行政法院提起行政訴訟。本案行政機關為被告，故向司法院所屬之行政法院提起行政訴訟，以示司法獨立的精神。

⑤行政訴訟判決的執行，由行政法院呈由司法院轉呈國民政府（現為總統府）訓令行之。（

行政訴訟法第二十八條）

⑥司法院呈請總統「鑒核施行」，目的在於請求總統令行政院查照，轉行財政部，依行政法院的判決執行。

例四、行政院呈請總統追晉官位

行政院　呈

××年×月×日
××字第××號

受文者：總統

主　旨：陸軍通信兵上尉○○○，因公積勞病故，請　准予追晉為陸軍通信兵少校

說　明：

一、國防部函為特區情報員通信兵上尉○○○，於×年×月×日，奉派進入匪區，從事情報蒐集工作。次年突破一切困難，建立電臺通聯。在匪區工作×年有餘，先後進入東北、華北、華中等地，蒐集重要情報，功績卓著。曾於××年當選為國軍克難英雄。××年×月因公積勞，不幸病故。擬請追晉為陸軍通信兵少校，以慰忠魂。

二、查○員生前忠貞奮發，不懼艱危，深入匪區，從事特殊任務，彌著勛勞，所請追晉官位一節，核與規定相符，擬請　照准，藉勵來茲。

三、檢呈原附追晉官位名冊一份。

行政院院長　○○○　職章

例五、行政院呈請總統請鑒核備查

行政院　呈

××年×月×日
××字第××號

受文者：總統

主　旨：檢呈××年度陸海空軍現役軍官晉任名冊及分階分科人數統計表各×份，請　鑒核備查。

說　明：依據國防部××年×月×日××字第×××號函辦理。

行政院院長　○○○　職章

(三) 咨

例一、總統提名○○○為行政院院長咨請立法院同意

總統　咨

××年×月×日
(61)臺統一禮字第×××號

受文者：立法院

主　旨：提名○○○為行政院院長，請　同意見復。

說　明：

一、行政院院長○○○懇請辭職，已勉循所請，予以照准。

二、茲依憲法第五十五條之規定，提名○○○為行政院院長，該員堅忍剛毅，有守有為，歷任軍政要職，建樹良多。以之繼任，允為適當之人選。

三、附送○員履歷表一份。

總統　○○○

【衍義】

①總統發布命令須經行政院院長副署，但「咨」文非命「令」，自無副署之需要。

②此文分主旨、說明二項敘述，與例三之一項完成程式不同。

例二、立法院咨復總統同意○○○為行政院院長

立法院　咨

×××年×月×日
××字第×××號

受文者：總統

主　旨：同意○○○為行政院院長

說　明：

一、依據本月二十日(61)臺統一禮字×××號咨（例一）辦理。

二、經提本院第××會期第××次會議報告，決定於×月×日行使同意權；爰提出本院第××會期第××次會議投票，計出席委員×百××人，同意票數×百××張，當經同意○○○為行政院院長。

立法院院長　○○○

【衍義】

①憲法第五十五條，行政院院長由總統提名，經立法院同意任命。

②立法院休會期間，行政院院長辭職或出缺時，由行政院副院長代理其職務，但總統須於四十日內咨請立法院召集會議，提出行政院院長人選，徵求同意。

③憲法第六十九條規定：立法院遇有左列情形之一時，得開臨時會：

I總統咨請；
II立法委員四分之一以上之請求。

例三、總統提名孫運璿為行政院院長咨請立法院同意

中華民國六十七年五月廿日
(67)臺統一禮字第一五三三號

總統　咨

經國就任中華民國第六任總統，原任行政院院長職務業經辭去，茲擬以孫運璿為行政院院長。孫員明廉公正，才識宏達，歷任總工程師、總經理、交通部長、經濟部長等職，對國家經濟貢獻良多，而於行政協調之擘畫，國策之積極貫徹，尤見和洽，以之任為行政院院長，必能勝任愉快。爰依憲法第五十五條第一項之規定，提請
貴院同意，以便任命。此咨
立法院

總統　蔣經國

中華民國六十七年五月二十日

【衍義】

①本咨雖與例一分段式敘述不同，但文字洗練簡潔，符合公文革新原則，可作爲範例。

②在咨文後「六十七年」的「年」字上蓋「總統之印」，此即一般所謂「蓋年不蓋國」的規定

例四、監察院咨復總統同意○○○任考試委員

監察院　咨

××年×月×日
××字第××號

受文者：總統

主　旨：同意○○○任考試委員，請　查照。

說　明：

一、復××年×月×日第×××號咨。

二、經依憲法第八十四條之規定，於××年×月×日召開本院第××次會議，進行投票，○○○已獲多數票同意。

監察院院長　○○○

例五、監察院咨復總統同意劉季洪爲第六屆考試院院長、張宗良爲副院長

監察院　咨

中華民國六十七年八月十二日
(67)監察院議字第　一九八六　號

准六十七年八月三日（六七）臺統㈠仁字第二七六八號咨開：「查第五屆考試院院長、副院長之任期於本年八月屆滿，茲依憲法第八十四條之規定：提請以劉季洪爲第六屆考試院院長；張宗良爲第六屆考試院副院長。檢附劉季洪、張宗良履歷表各一份，咨徵貴院同意見復爲荷」等由。經提報本院第一千五百四十三次會議交全院委員審查會審查後，提出本院第一千五百四十四次會議投票，該次會議出席監察委員五十六人，依憲法第九十四條：「監察院依本憲法行使同意權時，由出席委員過半數之議決行之」及監察院同意權行使辦法第九項：「同意權之行使，採用無記名投票法。」等規定，投票結果，提名劉季洪爲第六屆考試院院長，張宗良爲第六屆考試院副院長，均得出席委員過半數之同意票，已得本院之同意。茲依監察院同意權行使辦法第十一項之規定，相應咨復

察照。此咨

總統

監察院院長　余　俊　賢

中華民國六十七年八月十二日

【衍義】

①本咨雖未分段敘述，但文字簡明，符合革新要求，可稱又一範例。

②咨文後之六十七年的「年」字上，加蓋發文者職章。

例六、立法院咨請　總統公布修正公文程式條例部分條文

立法院　咨（函）

中華民國六十二年十月廿九日
(62)臺院議字第　二〇五四　號

受文者：總統（行政院）

主　旨：修正公文程式條例第二條及第三條條文咨（復）請公布（查照）。

說　明：

一、行政（貴）院本年六月二十八臺六十二秘字第五五三九號函請審議。

二、經本院法制委員會審查後，提經本院第五十二會期第七次會議修正通過。

三、附修正條文一份。

立法院院長　倪文亞

【衍義】

①本件作爲「咨」類公文之範例，所有加（）之文字刪除不用。

②本件原爲「咨」、「函」合體的擬稿格式，在稿面紙右上角，須寫明「分繕」字樣。繕印時，則分成兩個文件。特錄原稿格式於此，以供辨稿參考。

例七、立法院咨請總統公布×××法

立法院　咨

××年×月×日
××字第××號

受文者：總統

主　旨：「×××法」業經三讀通過，請予公布。

說　明：

一、行政院函爲擬訂「×××法」草案，請審議一案。

二、經交付××委員會審查，並提本院第××會期第××次會議三讀通過。茲依憲法第七十二條之規定，移請公布。

三、附「×××法」一份。

立法院院長　○○○

(四)函

例一、臺灣省政府訂頒「職位普查計畫」函所屬機關照辦（主旨一段，下行）

台灣省政府　函

××年×月×日
××字第××號

受文者：省屬各機關

主　旨：訂頒「臺灣省各級實施職位分類機關六十二年度職位普查計畫」一種如附件，請依規定辦理，並轉行所屬照辦。

主　席　○○○

【衍義】

①此係下行「函件」，文後蓋首長「簽字章」；或於「姓名」下蓋「職章」，或私章。

例二、×立××大學函教育部報送七十學年度招收新生名額表（主旨一段，下行）

○立○○大學　函

××年×月×日
××字第××號

受文者：教育部

主　旨：函送本校七十學年度擬招新生名額表一種（如附件），請　鑒核。

校長　○○○　職章

【衍義】

①此為上行「函」件，文尾具機關首長「職銜」及「姓名」，蓋「職章」。

例三、行政院函立法院請審議銀行法修正草案（主旨、說明二段，平行）

行政院　函

××年×月×日
××字第××號

受文者：立法院
副　本
收受者：財政部

主　旨：函送銀行法修正草案，請查照審議。

說　明：

一、財政部×年×月×日×字第×號函以現行銀行法係於民國二十二年三月公布，施行至今，已四十年，其間由於社會經濟環境的重大變遷，原法規定事項，對國家經濟計畫的實施與工商各業的發展，均已不足因應實際需要。爰經成立修改銀行法專案小組，完成銀行法修正草案，請核轉立法院審議。

二、經提出×年×月×日本院第×次會議決議：「修正通過，送請立法院審議」。

三、附銀行法修正草案一份。

院　長　○○○

【衍義】

①平、下行「函」件，蓋首長「職銜」及「簽字章」，或於首長「姓名」下蓋「職章」。

例四、司法行政部致行政院函送司法機關改革司法文書加強實施要點（主旨、說明二段，上行）

司法行政部　函

××年×月×日
××字第××號

受文者：行政院
副本收受者：行政院研究發展考核委員會（含附件）
主　旨：函送「司法機關改革司法文書加強實施要點」，請核備。
說　明：本案依　鈞院×年×月×日第×號函頒「行政機關公文製作改革要點」五之㈢辦理；並已發交本部所屬各單位自本年×月×日起切實實實施。

部長○○○

例五、外交財政經濟部擬定加強中約中沙關係方案函行政院核備（主旨、說明二段，會銜，上行）

外交部 財政部 經濟部　函

××年×月×日
××字第××號

受文者：行政院
主　旨：函送「加强中約暨中沙友好關係方案」，請核備。

說明：

一、為進一步加强我國與約旦暨沙烏地阿拉伯兩王國之友好關係，本財政部李部長、本經濟部孫部長、張次長及本外交部沈部長、楊次長、李司長於×年×月×日在外交部舉行會議，經依照中約雙方會商決定之項目及李部長訪問沙國後所建議之事項，逐項縝密商討，擬定「加强中約暨中沙友好關係方案」一種，並決定由主辦單位負責籌畫，迅付實施。

二、附上述方案一式三份。

外交部長 ○○○
財政部長 ○○○
經濟部長 ○○○

【衍義】

①本件為會銜二段式、上行文例。
②會銜公文不加蓋「機關印信」；機關首長姓名下，一律加「職章」。
③視「說明」文辭，此文當由外交部主稿。

例六、行政院頒發公文製作要點函臺灣等省市政府試辦（主旨、說明、辦法三段，下行）

行政院　函

六十二年二月一日
臺(62)秘文字第〇九六一號

受文者：福建省政府
臺灣省政府
臺北市政府

主　旨：頒發「行政機關公文製作改革要點」，請就其中公告部分於六十二年二月十五日起試辦，並轉行所屬機關試辦。

說　明：

一、現行公文格式不夠簡明，用語累贅繁複，很多模稜兩可，似是而非；尤其層層套敘，看不出內容主題，不合「簡、淺、明、確」的要求；所用文體，和一般國民日常所用語文脫節，不合時代要求。

二、如不徹底改革，影響推行政治革新很大。改革的宗旨，在使政府機關公文所要表達的意思，很明確的讓社會大眾普遍易於接受，並在行政改革革新中發生引導作用。
三、改革的要點，詳如附件。
辦法：
一、附發「改革要點」鉛印本五千冊，請轉發。
二、試辦情形，希於六十二年五月十五日以前報院。

院長　蔣經國

【衍義】
①自從蔣院長於六十一年十二月一日在主持行政院秘書處業務會報指示公文改革以後，下行文第一次用「函」行文。
②省（市）政府是行政院的直屬機構，行政院對省（市）政府行文原須用「令」，而本件不僅第一次對下行文用「函」，並且語氣委婉，毫無官場習氣，實在是革命性的改革。

附錄一　書函

例一、行政院秘書處爲陳情書之處理情形函復○○○先生等（兩條、復函用，平行）。

××年×月×日
×字第×××號

行政院秘書處　書函

受文者：○○○先生等

一、臺端等×年×月間陳情書，請轉行迅速完成斗六鎭育英北街鐵路平交道工程一案，已轉臺灣省政府核辦。

二、現臺灣省政府交通處已通知鐵路局墊款施工，並函請雲林縣政府速籌配合款辦理。

（行政院秘書處條戳）

【衍義】

①本件屬於「便函」形式。

②來文既是「陳情書」，想像中原本以「行政院」或「院長」爲「受文」對象，今用「秘書處」名義復文，自有許多便利。

③「書函」蓋有行文單位條戳，對陳情人來說，實際效果完全相同。

例二、國防部○部長○○爲軍訓教官甄選函教育部○部長○○提供意見（三條，磋商用，平行）。

國防部　書函

××年×月×日
×字第×××號

受文者：教育部○部長○○
發文者：國防部○部長○○

一、軍訓教官的甄選任用，本部已訂有「高級中等以上學校軍訓教官甄選任用辦法」，規定以現役軍官爲合格。

二、貴部××年××月××日字第×××號函送「無軍職女性軍訓教官甄選任用辦法」，以無軍籍女性充任軍訓教官，在服制、服役（勤）、任用、待遇、考績、退役等各項問題的處理上，均無法規依據。軍訓教官如自民間考選，仍以合格的後備軍人爲妥。

三、本案宜先作政策性的研究，請約集有關機關開會商討。

校對印章

【衍義】

①雙方所洽談的事，未到決定階段，帶有磋商性質，故由首長出面，以「書函」方式行文，較爲相宜。

②本件是首長間的往來函件，用「私章」，蓋於發文者「〇〇」下；不用正式印信或條戳。

例三、司法行政部爲修正著作權法部分條文函內政部惠示卓見（三條，代箋函，磋商用，平行）

司法行政部　書函

××年×月×日
××字第××號

受文者：內政部〇部長

一、年來翻印仿製他人著作之風甚熾，非法之徒，坐獲暴利，既損害正當出版商之權益，且足影響出版者投資出版事業之興趣，嚴重危害出版事業之發展。究其主要原因，厥爲現行著作權法對於翻印仿製及以其他方法侵害他人之著作權者處罰過於輕微，不足以收遏止之效。爲謀保障著作人之合法權益及嚇阻盜印行爲，對於現行著作權法有關罰則規定，實有加以修正的必要。

二、著作權法原屬貴部主管，惟罰則部分爲本部所屬機關所適用，前於民國五十三年修正時，亦經貴部與本部會商後報院核轉立法院審議，完成立法程序。

三、檢附著作權法部分條文修正草案及其總說明，請惠示卓見，以便整理會送行政院核轉立法院審議。

部　長　〇〇〇

【衍義】

①磋商階段的公務，可以「書函」代替正式的「函」。（注意：和例一形式不同。）

②此文件形式與「箋函」「很相似。

附錄二　箋函

例一、××里里長辦公處爲借用大禮堂舉行里民大會函××國民中學（不分條）

敬啓者，本里定於本月×日（星期×）下午七時，舉行里民大會，並舉行同樂晚會，擬借用　貴校大禮堂爲會場。敬希

惠允賜覆爲荷！

此致

市立××國民中學

臺北市××區××里里長辦公處　敬啓

×月×日

【衍義】

①此件可在函尾「敬啓」字樣之上，書寫「下稱謂」的地位，改蓋里長辦公處條戳；否則，可於「下稱謂」之下，「敬啓」之上，加蓋里長辦公處印。

②此件亦可改分二條書寫，其格式如下例。

例二、同前例標題（分兩條）。

一、本里定於本（×）月×日（星期×）下午七時，召開里民大會，並舉行同樂晚會，擬借用　貴校大禮堂爲會場。

二、敬希

惠允賜覆爲荷！

此致

市立××國民中學

臺北市××區××里里長辦公處　敬啓

×月×日

例三、總統府張秘書長爲轉達總統懇辭祝壽函臺灣省政府陳主席（不分條）

養浩主席吾兄勳鑒：頃奉

總統諭：「據聞各界以中正生辰將屆，有籌備慶祝者，內心至感不安，務望轉達海內外同胞懇辭祝壽之舉，並勉以際此國際姑息氣氛瀰漫，我舉國上下應堅持『一切操之在我』之信念，發揚莊敬自强之精神，集中力量以加强各項建設，充實反攻復國之準備，早日完成光復大陸解救同胞之神聖使命，則遠勝於加諸個人之任何祝賀。」等因，特函奉達，即請　察照並轉知爲荷。順頌

勳綏

張群　敬啓

六十年十月十五日

【衍義】

①先總統　蔣公以國事爲重，謙沖爲懷，懇辭各界祝壽，特頒手諭，囑秘書長通知政、軍、黨主管機關，轉達海內外同胞懇辭。

②張秘書錄諭，以箋函方式分函五院院長、國防部部長、參謀總長、僑務委員會委員長、臺灣省政府主席、臺北市市長及中國國民黨中央委員會秘書長等，將上述意旨轉知所屬單位遵照。

③此爲分函臺灣省政府陳主席之箋函，載於臺灣省政府公報六十年冬字第十六期。

④收信發信雙方，均由個人出面；稱謂敬辭、問候用語等，又完全符合私函形式，極具親切效果。

例四、蔣副院長經國先生為行政院小組審核臺灣大學六十年度概算情形函覆錢思亮校長（不分條）

思亮先生勛鑒：奉讀手示，敬聆種切。關於貴校六十年度概算所列土地購置經費，已由本院預算審核小組通過列一千四百萬元在案。知關　廑注，特為奉聞，並候教祺！

蔣經國　敬復
二月二十一日

㈤　公告

例一、國民大會秘書處公告國民大會代表報到日期（三段，登報用）

國民大會秘書處公告

中華民國　六十七　年　一　月　九　日

(67)國民大會鏡秘文字第〇一六七號

主　旨：爲第一屆國民大會第六次會議定六十七年二月十九日集會，並自六十七年二月九日起辦理代表報到。

依　據：總統中華民國六十七年一月九日(67)臺統(一)仁字第〇〇五六號代電。

公告事項：

一、報到日期：六十七年二月九日起至大會閉會前止。

二、報到時間：每日上午八時至十二時，下午二時至六時，星期日及例假日照常辦理。

三、報到地點：臺北市中山堂光復廳——國民大會代表報到處。

【衍義】

①「公告名稱」用標題字體，或並套紅印刷。

②「主旨」文字用大字，或並套紅印刷。

③免署「機關首長」、「職銜」、「姓名」。

例二、臺中港務局公告材料採購招標（表格，登報用）

臺中港務局材料採購招標公告

案號	材料名稱	廠商資格及招標辦法	領標方式	開標日期	開標地點	備註
72L—043 043-1	鋼板鐵不等邊角鐵、鋼管等乙批	詳如投標須知及標單規定	自即日起至十一月十五日止，繳標單文件費（含郵費）一〇〇元。以入戶信匯匯達臺銀臺中港分行本局第九〇〇五帳號，憑回條向本局材料課函索。	十一月十九日十時〇〇分	本局海港大樓四樓會議室	本案公告內容，在開標前本局得變更之，或停止招標。
72L—043-2	焊條、六角栓等					

【衍義】

1採購物品招標公告，儘量以表格方式處理。

2「公告名稱」用標題字體，或並套紅印刷。

3免署「機關首長」職銜、姓名。

例三、××市××區公所公告原忠勤里畫分爲三個里（三段，張貼或登市政公報用）。

××市××區公所　公告

蓋印

××年×月×日
×字第×××號

主　旨：公告本區原忠勤里改爲忠勤、忠恕、忠愛三個里及其實施日期。

依　據：××市政府×字第×號函

公告事項：

一、本區忠勤里原第×鄰至第×鄰仍爲忠勤里。

二、原忠勤里第×鄰至第×鄰改爲忠恕里。

三、原忠勤里第×鄰至第×鄰改爲忠愛里。

四、均於×年×月×日起實施。

區　長　○○○

例四、××區××里辦公室公告定期召開里民大會（二段，張貼用）

××區××里辦公處　公告

蓋印

××年×月×日
×字第×××號

主　旨：公告里民大會開會時間、地點及提案辦法，並請準時出席。

公告事項：

一、開會時間：×年×月×日×午×時×分。

二、開會地點：×××××。

三、提案辦法：提案應有三人以上附署，於開會前二日書面送交里辦公處。

里　長　○○○

(六) 其他公文

「其他公文」範圍極爲廣泛，品類也極爲繁多。現在選擇其中重要的四項：甲、條諭，乙、通告，丙、通知，丁、簽等，各舉範例數則如下，表明所用的格式，以供學習。

甲、條　諭

例一、機關首長派用人員代理職務（一段）

茲派○○○爲本×第×處代理處長。

（首長簽名）

×月×日

【衍義】

①條諭或稱手諭，爲機關首長所使用的公文書。

②所諭知者如屬人事，則交人事單位辦理；如屬業務，則交相關業務單位辦理。

③文中所以用「代理」字樣，係因薦任以上人員的任免，須報由上級機關核准，呈經總統令派。

例二、機關首長條諭關於××一案交由第×處〇處長研辦（一段）

有關××一案，希第×處〇處長研擬詳細辦法報核。

（首長簽名）

×月×日

乙、通告

例一、〇〇〇先生訂期蒞校講演通告師生出席聽講（分條）

通告

中華民國×××年×月×日

一、敦請〇〇〇先生於本月×日（星期×）上午×時蒞臨本校大禮堂講演，講題爲：「中華文化復興運動之展望」。

二、希全體教職員及學生準時出席聽講。

校長室　印

【衍義】

①若應邀講演者爲社會名流，或學者專家，爲表示鄭重起見，通知可由校長或校長室出面。

②通告中必須說明「講演人」、「講題」、「時間」、與「地點」。

③「通告」下方所書寫之「通告日期」，「國」字下「年」字上，如加蓋印信，文後所署「校長室印」字樣，亦可省除。

丙、通知

例一、臺灣省××處定期舉行動員月會，通知同仁一律出席（一段）

奉處長諭：本月×日（星期×）上午×時，在本處大禮堂舉行本月份動員月會，希本處全體職員一律出席。

人事室　印

×月×日

例二、××部××署通知出列席人員參加第×次署務會議（分條）

民國×年四月二十五日

開會通知

一、會議名稱：本署第×次署務會議

二、時　　間：四月二十八日（星期四）下午三時

三、地　　點：本署第一會議室

四、研討事項：見所附議程

此致

○○○先生女士

秘書室　啓

【衍義】

①開會通知亦可利用新定範式「開會通知單」，其格式如左：

（全　銜）開會通知書

速別	
受文者	
副本受收者	
發文 日期	
發文 字號	
發文 附件	
開會事由	
開會時間	年　月　日（星期　）　午　時　分
開會地點	
主持人	
聯絡人（或單位）	
電話	
出（列）席單位及人員	
備註	
發文單位	（蓋單位章戳）

②右通知單「開會事由」一項，可列舉主要討論事項；如已編製議程，或可寫「××會議第×次會議」及「詳所附議程」等字樣；如屬定期例會，而又未及編製議程時，亦可不必填寫，只寫「××會議第×次會議」等字樣。

附錄一　公文製作練習

練習一：

依據臺灣省政府××年×月×日××字第×××號函（如抄件），代擬臺灣省鐵路局爲辦理「臺灣省各級實施職位分類機關×××年度職位普查計畫」，函所屬機關照辦。

抄件：

台灣省政府　函

××年×月×日
××字第××號

受文者：省屬各機關

主　旨：訂頒「臺灣省各級實施職位分類機關×××年度職位普查計畫」一種如附件，請依規定辦理，並轉行所屬照辦。

主　席　○○○

答案：

臺灣省鐵路局　函

××年×月×日
××字第××號

受文者：本局所屬各機關

主　旨：轉頒（轉發）（函轉）「臺灣省各級實施職位分類機關×××年度職位普查計畫」一種，請依規定辦理，並轉行所屬照辦。

說　明：

一、本案依據臺灣省政府××年×月×日×××字第×××號函辦理。

二、附「臺灣省各級實施職位分類機關×××年度職位普查計畫」一份。

局　長　○○○

練習二：

依據「臺灣省政府函」（如抄件），代擬「臺灣省糧食局」爲辦理「臺灣省各級實施職位分類機關×××年度職位普查計畫」，致所屬機關照辦函。

抄件：

台灣省政府　函

××年×月×日
××字第××號

受文者：省屬各機關

主　旨：訂頒「臺灣省各級實施職位分類機關×××年度職位普查計畫」一種如附件，請依規定辦理，並轉行所屬照辦。

主　席　○○○

答案：

臺灣省糧食局　函

××年×月×日
××字第××號

受文者：本局所屬各機關

主　旨：轉頒（發）「臺灣省各級實施職位分類機關×××年度職位普查計畫」一種，請依規定辦理，並轉行所屬照辦。

說　明：

一、本案依據臺灣省政府××年×月×日××字第×××號函辦理。

二、附「臺灣省各級實施職位分類機關×××年度職位普查計畫」一件（份）

局　長　○○○

練習三：

依據左列所抄來函：

> **台灣省政府　函**
>
> ××年×月×日
> ××字第×××號
>
> 受文者：省屬各機關
>
> 主　旨：訂頒「臺灣省各級實施職位分類機關×××年度職位普查計畫」一種如附件，請依規定辦理，並轉行所屬照辦。
>
> 主　席　○○○

代臺灣省政府民政廳擬致所屬各機關，請依普查計畫中之規定辦理，並轉行所屬照辦。

答案：

臺灣省政府民政廳　函

××年×月×日
××字第××號

受文者：本廳所屬各機關

主　旨：轉頒「臺灣省各級實施職位分類機關×××年度職位普查計畫」一種，請依規定辦理，並轉行所屬照辦。

說　明：

一、本案依據臺灣省政府××年×月×日××字第×××號函辦理。

二、附「臺灣省各級實施職位分類機關×××年度職位普查計畫」一件。

廳長　○○○

練習四：

依據行政院六十二年六月二十二日臺六十二秘字第五三七八號函（如抄件），代擬教育部為轉發「行政機關公文處理手冊」，函所屬機關照辦。

抄件：

行政院　函

中華民國六十二年六月二十二日
臺　六十二　秘　字　第五三七八號

受文者：各部會處局署、各省市政府

主　旨：訂定「行政機關公文處理手冊」，希照其中規定自六十二年七月一日起實施，並轉行所屬照辦。

院　長　蔣經國

答案：

教育部　函

××年×月×日
××字第××號

受文者：本部所屬各機關

主　旨：轉發「行政機關公文處理手冊」，希照其中規定，自六十二年七月一日起實施，並轉行所屬照辦。

說　明：

一、本案依據行政院六十二年六月二十二日臺六十二秘字第五三七八號函辦理

二、附發「行政機關公文處理手冊」××冊（本）。

部長 〇〇〇

練習五：

依據教育部×年×月×日臺（六×）秘字第×××號函，代擬國立××大學為轉發「修正公文程式條例第二條及第三條條文」，致所屬各單位函。

答案：

國立××大學 函

××年×月×日
×字第×××號

受文者：本校各單位

主旨：函轉「修正公文程式條例第二條及第三條條文」，請查照。

說明：

一、依據教育部本（六×）年×月××日臺（六×）秘字第×××號函。

二、修正公文程式條例條文公布後，發布行政規章，一律仍用「令」行。

三、附修正條文一份。

校長 〇〇〇

練習六：

依據××局××年×月×日××字第×××號函（如抄件），代擬行政院復××局，所送該局辦事細則一種，准予備查。

抄件：

> ××局　函
>
> ××年×月×日
> ××字第××號
>
> 受文者：行政院
>
> 主　旨：謹依本局組織規程第××條之規定，擬具本局辦事細則一種（如附件），請　鑒核。
>
> 局　長　○○○

答案：

行政院　函

××年×月×日
××字第××號

受文者：××局

主　旨：貴局依據組織規程第××條之規定所擬辦事細則一種，准予備查。

院　長　○○○

練習七：

請將「×立××大學函」一段式函（如例二）改爲「兩段式」。

答案：

×立××大學　函

××年×月×日
××字第××號

受文者：教育部

主　旨：函送本校七十二學年度擬招新生名額表一種，請　鑒核。

說　明：檢附本校「七十二學年度擬招新生名額表」一式三份。

校　長　○○○

練習八：

代×立××大學擬致教育部報送「××學年度招收新生名額」函。

答案：

×立××大學　函

××年×月×日
××字第××號

受文者：教育部

主　旨：報送本校×××學年度招收新生名額表，請　核備（定）。

說　明：附本校×××學年度招收新生名額表一份。

校　長　〇〇〇

練習九：

參考行政院××年×月×日××字第××號致立法院函（如例三），代爲設想補擬財政部爲檢送銀行法修正草案，請行政院核轉立法院審議函。

答案：

財政部　函

××年×月×日
××字第××號

受文者：行政院

主　旨：函送銀行法修正草案，請　核轉立法院審議。

說　明：

一、現行銀行法係於民國二十二年三月公布，施行至今，已四十年，其間由於社會經濟環境的重大變遷，原法規定事項，對國家經濟計畫的實施與工商各業的發展，均已不足因應實際需要。爰經成立修改銀行法專案小組，完成銀行法修正草案。

二、附「銀行法修正草案」一份。

部　長　〇〇〇

練習一〇：

參考臺灣省政府××年×月×日××字第×××號致所屬各機關函（如抄件），代爲設想補擬：內政部爲「職業訓練機構設置標準」，致臺灣省政府查照辦理函

抄件：

台灣省政府　函

××年×月×日
××字第××號

受文者：省屬各級機關、學校
主　旨：函送「職業訓練機構設置標準」，希照辦。
說　明：
一、本案係依內政部×年×月×日×字第××號函辦理。
二、附職業訓練機構設置標準一份。

主　席　○○○

答案：

內政部　函

××年×月×日
××字第××號

受文者：臺灣省政府
主　旨：訂頒「職業訓練機構設置標準」一種如附件，請查照辦理。

部　長　○○○

練習十一：

代××公司爲推銷家電產品，訂定「銷售贈獎辦法」，請台北市國稅局備查函

答案：

××公司　函

××年×月×日
××字第××號

受文者：臺北市國稅局

主　旨：本公司爲銷售產品，訂定贈獎辦法一種，請准備查。

說　明：檢附本公司「銷售產品贈獎辦法」一式三份。

總　經　理　○○○

練習十二：

請將「××公司函」（如練習十一）改爲「主旨」一段。

答案：

××公司　函

××年×月×日
××字第××號

受文者：臺北市國稅局
主　旨：本公司爲銷售產品，訂定贈獎辦法一種（如附件），請准備查。

總　經　理　〇〇〇

練習十三：

依據財政部七十二年四月二十一日踨臺財證椆第〇七四六號函（如抄件），代擬教育部爲因應證券市場發展需要，建議開設有關課程，致各大學院校函。

抄件：

財政部　函

中華民國七十二年四月二十一日
⑿台　財　證　㈣　第　〇七六四　號

受文者：教育部
副　本　行政院研究發展考核委員會
收受者：本部人事處
　　　　證管會人事處
主　旨：爲因應我國證券市場未來發展之需要，建議在各大學相關科系、組增列證券有關課程，藉以培養證券專業人才，請　研辦惠復。

說明：

一、本案係依據行政院七十二年三月二十五日台蹤財五二一七號函辦理。

二、我國證券市場隨國家之經濟發展，快速成長，而我國各大學目前迄無證券相關科系之設置，對於證券專業知識尚乏專精之研究與講授，致證券專業人才甚感缺乏，經奉行政院核定「全面改進證券管理制度，促進證券發展計劃」，請　貴部在各大學相關系、組增列與證券有關課程。

三、與證券有關之課程，例如證券管理、證券投資分析、證券法規、財務報表分析、證券市場、證券金融、公司理財、內部稽核、投資理論與實務等課程，請參考。

部長　○○○

答案：

教育部　函

××年×月×日
××字第××號

受文者：各大學院校

副本收受者：財政部、行政院研究發展考核委員會

主　旨：財政部為因應我國證券市場未來發展之需要，建議在各大學相關系、組增列證券有關課程，藉以培養證券專業人才，請研辦。

說　明：

一、本案依據財政部七十二年四月二十一日(72)臺財證(四)第〇七六四號函，轉奉行政院七十二年三月二十五日臺(72)財五二一七號函辦理。

二、我國證券市場隨國家之經濟發展，快速成長，而我國各大學目前迄無證券相關科系之設置，對於證券專業知識尚乏專精之研究與講授，致證券專業人才甚感缺乏，經財政部轉奉行政院核定「全面改進證券管理制度，促進證券發展計畫」。

三、與證券有關之課程，例如證券管理、證券投資分析、證券法規、財務報表分析、證券市場、證券金融、公司理財、內部稽核、投資理論與實務等課程，請參考。

部　長　〇〇〇

練習十四：

代擬臺北市政府致送市政府「七十二年度總預算」草案，請臺北市議會審議函

答案一：（一段式）

××年×月×日
××字第××號

臺北市政府　函

受文者：臺北市議會

主　旨：函送本府「七十二年度總預算」草案一種（如附件），請　審議。

市　長　○○○

答案二：（二段式）

××年×月×日
××字第××號

臺北市政府　函

受文者：臺北市議會

主　旨：函送本府「七十二年度總預算」草案一種，請　審議。

說　明：（檢）附「七十二年度總預算」草案一式×份。

市　長　○○○

練習十五：

代擬行政院致送「中央政府六十四年度總預算草案」，請立法院審議函。

答案：

行政院　函

××年×月×日
××字第××號

受文者：立法院

主　旨：函送「中央政府六十四年度總預算草案」，請　查照審議。

說　明：附「中央政府六十四年度總預算草案」一份。

院　長　〇〇〇

練習十六：

代擬管代會為參加「管訊」工作人員擬組隊前往中央日報社參觀，致函訓導處，請以校函代為接洽。

答案：

×立××大學管理學院學生代表聯合會　函

××年×月×日
××字第××號

受文者：本校訓導處
副　本
收受者：本校管理學院
主　旨：本聯會爲加强參加「管訊」工作同學之經驗，對該刊物之編輯出版有所改進起見，擬組隊前往中央日報社參觀，請以校函代爲接洽，以便前往。
說　明：
一、參觀隊員共約十二人，全部均爲實際參加「管訊」之工作人員；並請由××教授擔任指導。
二、參觀日期：預定在×月×日下午七至九時。
三、屆時請該社指派有關採訪與編輯實務負責人員，蒞臨講解，並引導參觀。
四、該社如有垂詢，請於每日下午七至十時，與○○同學聯繫。電話×××。

會　長　○○○　私章

練習十七：

依據××年×月×日×字第××號管代會函（如右函），代擬××大學致中央日報社，請惠允函。

答案：

×立××大學　函

××年×月×日
××字第××號

受文者：中央日報社
副　本
收受者：本校管理學院學生代表聯合會本校管理學院○院長
主　旨：本校管理學院學生代表聯合會爲加强「管訊」工作同學之經驗，對該刊物之編輯出版有所改進起見，擬組隊前往　貴報社參觀，請惠允並予指導。
說　明：
一、參觀隊員共約十二人，全部均爲實際參加「管訊」之工作人員；並由本校○○○教授擔任指導。
二、參觀日期：預定在×月×日下午七至九時。
三、屆時請指派有關採訪與編輯實務負責人員蒞臨講解，並引導參觀。
四、如有委詢，請於每日下午七至十時，與○○○同學聯繫，電話×××。

校　長　○○○

練習十八：

代擬×立××大學會計學會爲定期舉辦全國會計盃球類比賽，訂定實施辦法一種，送請各大學院校會計學系、組查照，並組（男生籃球、女生排球）隊，參加比賽。

答案：

×立××大學會計學會　函

××年×月×日
××字第××號

受文者：全省各大學院校會計學系、組。

副本收受者：本校訓導處課外活動組、體育衛生組、本校會計學系○主任

主　旨：本會輪值主辦本年度會計盃球類比賽，訂於七十三年×月×日起至×月×日止在本校舉行，謹檢具該項辦法一種，送請　查照，並組男生籃球、女生排球隊，參加比賽。

會長　○○○

說　明：附「上項球類比賽辦法」一種。

練習十九：

代擬××大學××學系系友會為致送「母系教學加速發展基金」及「基金運用參考原則」等件，致××學系主任請查收，並酌予參考函。

答案一：

×立××大學××學系系友會　函

××年×月×日
××字第××號

受文者：××學系〇主任
副本
收受者：歷屆畢業校友（詳見校友通訊錄）
主　旨：本會為支援母校××學系得以加速發展，於××年×月×日系友會第×次全體會議討論後，決議：設置「加速發展母系教學基金」，並推定各籌募小組負責人，經兩年來之努力，籌得基金新台幣計共×××元。茲奉上華南銀行城中分行本票乙紙，請查收；隨函並附奉「基金運用原則」一份，謹請酌予參考。
說　明：
一、附華南銀行城中分行新台幣×××元本票乙紙；

二、附籌募基金小組負責人姓名、及其勸募金額表乙紙；
三、捐款人芳名、及其所捐金額表乙紙；
四、「加速推展母系教學基金運用參考原則」乙份。

會　長　○○

答案二：

××年×月×日
××字第××號

×立××大學××學系系友會　函

受文者：××學系○主任
副本收受者：歷屆畢業校友（詳見校友通訊錄）
主　旨：本會爲支援母校××學系得以加速發展，於××年×月×日系友會第×次全體系友大會通過設置「加速發展母系教學基金要點」，並推定籌募小組負責人姓名，經兩年來之努力，籌得基金新台幣五十二萬六仟四百元整。謹開奉華南銀行城中分行即期支票乙紙，請查收。另附基金使用意見建議要點，請查收、參考。

說　明：

一、附基金籌募人姓名、及其所募金額一覽表一份。

二、認捐人芳名、及其金額一覽表一份。

三、台北市華南銀行城中分行新台幣五十二萬六仟四百元本票乙紙。

四、基金使用意見建議要點一份。

會　長　〇〇

練習二〇：

代擬財政部致所屬關務及稅務機構函：希轉知所屬：注重操守，不可接受商人餽贈及宴會；亦不得有留難情事。（六十七年特種考試關務暨稅務人員考試「國文」科「公文」試題）

答案：

財政部　函

中華民國六十七年×月××日
臺(68)財人字第　××××　號

受文者：本部所屬關務署及稅務署
副　本
收受者：行政院人事行政局

主　旨：希轉知所屬：日常處理公務，必須循法務實，切實注重操守，既不可接受商民餽贈，參加飲宴招待；亦不得開創惡例徒增圖利他人之嫌疑，違反常情，憑添多方留難之口實；凡我工作同仁，自應一體遵行。

說　明：

一、關務、稅務工作，關係人民切身的利害，工作人員之公私生活，如稍有不慎，不但影響國家之稅收，且將引起民眾之痛恨或反感，豈可不嚴加檢束。

二、行政院頒訂十項戒律，以期全國官員共體時艱，爲民表率，於各階層中產生誘導作用，進而改變社會風氣；關務稅務同仁，地位不同，責任特殊，尤須謹慎將事。

辦　法：

一、關務稅務人員如違反上項規定，除本人必按所犯情節加重處罰外，其直屬長官，亦應負連帶責任，受同等處罰。如其人有優異之表現，除獎賞本人外，其直屬長官當亦受相當之獎賞。

二、直屬長官對所屬同仁應多加關心、督導，如發現不當之言行，務必隨時予以勸勉，並斟酌情形，向關係方面提出口頭或書面報告，並立即予以適當處理。經勸導或處理後，仍發生不當事件時，除處罰本人外，對其直屬長官，可免除或減少處罰。

部　長　〇〇〇

練習二一：

試擬臺北市環境保護局為變更市民生活習慣、化腐朽為資源；提高清潔標準、改換生活環境，擇定××區所屬××、××、××等里（名單詳見所附「推行計畫書」），試辦「家庭垃圾分類包紮、定時收集、分別處理、推行改進辦法」，函有關區公所暨各里辦公處、國民中小學、警察分局暨派出所查照，並分別轉知，一體配合，以樂觀其成。

答案：

中華民國××年×月×日
××　字第　××××　號

台北市環境保護局　函

受文者：本市××區公所暨所屬××、××、××等里辦公處。
本市××、××等國民中學，××、××、××等國民小學。
本市警察局××分局暨××、××等派出所。
副　本
收受者：本市民政局、教育局、警察局、社會局、研究發展考核委員會。

主　旨：爲試辦家庭垃圾分類儲存、包紮、分別收集、處理，訂定「推行改進辦法」一種，請惠予查照，並轉知所屬，一體督導支援，多方配合，以觀其成

說　明：

一、爲提高市民生活品質，保持家宅里弄衛生，從而改善市容，有效保護環境，勢必由家庭垃圾分類儲存、完密包紮、分別收集、有效處理做起。此一辦法，改變多年生活習慣，關係公衆利益，設或人人動員、戶戶守分、各各配合、事事支持，當可將日常製造之垃圾，予以妥善掩埋、或徹底焚化。果然如此，既不污染環境，提升清潔標準；又可廢物回收，化腐朽爲資源。局部地區施行具有績效以後，再予擴大推行。

二、附「推行垃圾分類、改進處理方式、擇地試驗實施辦法」一份。

局　長　○○○

練習二二：

試擬：臺北縣新店市公所爲提升民衆休閒樂趣、增進愛護動物觀念、提倡正當旅遊活動，依據市民代表會第××次全體會議決議，定期在碧潭地區舉辦錦鯉幼苗放養活動，附實施辦法要點，公告市民暨一般遊客，踴躍前往參加。

答案：

臺北縣新店市公所　函

民國七十六年×月×日
××字第×××號

主　旨：為提升民眾休閒樂趣，增進愛護動物觀念，提倡正當旅遊活動，協助推動公共造產，定期在碧潭地區，舉辦錦鯉幼苗放養活動。

依　據：本市市民代表會第××次全體會議決議。

公告事項：

一、錦鯉幼苗配購辦法，及放養時間、地點、對象、手續等項，詳見「實施辦法要點」。

二、附「實施辦法要點」一份。

市　長　○○○

練習二三：

代擬法務部、財政部為達成廢除票據刑法之政策，修正票據法部分條文，請行政院核轉立法院審議函。

答案：

法務部
財政部　函

××年×月×日
××字第××號

受文者：行政院

主　旨：修正票據法部分條文，請　核轉立法院查照審議。

說　明：

一、本部等以票據法爲配合刑事政策之要求，並與世界各國立法一致，曾於去（七十五）年修正部分條文，增訂第一百四十四條之一。但爲顧慮行之有年之刑罰規定，驟然取消，恐將造成經濟上重大衝擊，規定在施行期限內的犯罪，仍依當時法律處罰。施行至今，由於各項配合措施，對於社會經濟並未產生不良影響，票據法第一四一、一四二條有關票據之規定，以及一四四之一排除刑罰從新從輕之規定，均已無其必要。請將上述三條之條文刪除。

二、修正票據法部分條文之目的，在於刪除現行票據法中，排除刑法第二條第一項從新、從輕原則的條文，以使目前在審判中、通緝中、及在監服刑的票據犯能夠免除刑責。

三、附「修正票據法部分條文」一份。

法務部部長　〇〇〇　職章
財政部部長　〇〇〇　職章

練習二四：代衛生署爲函送「人體器官移植條例」草案，請行政院核轉立法院查照審議函

答案：

衛生署　函

××年×月×日
××字第××號

受文者：行政院

主　旨：擬訂「人體器官移植條例」草案，請　核轉立法院查照審議。

說　明：

一、自民國五十七年七月國立臺灣大學附設醫院首先完成人體腎臟移植手術，迄今已十九年，其間醫師亦陸續從事人體器官及組織之移植工作。但除七十一年七月公布施行的「眼角膜移植條例」外，其餘人體器官及組織之移植，均乏法律保障。民國七十三年三月、及四月，長庚醫院先後完成肝臟及胰臟移植手術，由於該院採用「腦死」作爲死亡的判定基準，更引發我

國醫學科技中器官及組織移植所衍生的法律問題，乃擬具「人體器官移植條例」草案。

二、附「人體器官移植條例」草案一份。

署長　〇〇〇　職章

練習二五：

代擬行政院依據衛生署×年×月×日××字第××號函，為「人體器官移植條例」草案，送請立法院查照審議函。

答案：

行政院　函

××年×月×日
××字第××號

受文者：立法院
副　本
收受者：衛生署
主　旨：函送「人體器官移植條例」草案，請　查照審議。
說　明：

一、衛生署××年×月×日××字第××號函以（以下文字，同前函說明一、「自民國……草案」。）

二、經提××年×月×日本院第×次會議決議：「修正通過，送請立法院審議。」

三、附「人體器官移植條例」草案一份。

院　長　○○○

練習二六：

代立法院為「人體器官移植條例」業經三讀通過，咨請總統公布。

答案：

立法院　咨

××年×月×日
××字第××號

受文者：總統

主　旨：「人體器官移植條例」業經三讀通過，請予公布。

說　明：

一、行政院××年×月×日××字第××號函，請審議一案，經本院委員洪文棟等人另擬「人體器官移植條例」草案，經交付××委員會併案審議，並提本院第××次會議三讀通過。茲依憲法第七十二條之規定，移請公布。

二、附「人體器官移植條例」一份。

立法院院長　○○

練習二七：

答案：

代立法院爲「人體器官移植條例」業經三讀通過，函復行政院查照。

立法院　函

××年×月×日
××字第××號

受文者：行政院

主　旨：「人體器官移植條例」業經三讀通過，復請查照。

說　明：

一、貴院××年×月×日××字第××號函，請審議一案，經本院委員洪文棟等人另擬「人體器官移植條例」草案，經交付××委員會併案審查，並提本院第××次會議三讀通過。

二、附「人體器官移植條例」一份。

院　長　○○○

練習二八：

擬台灣省政府教育廳致所屬各級學校函，請勸導學生勿參加飆車活動，以資守法重紀，維護社會風氣，增進身心健康。（七十六年特種考試台灣省基層公務人員考試乙等試題）

答案：

台灣省政府教育廳　函

中華民國××年×月×日
××字第××××號

受文者：所屬各級學校

主　旨：請切實勸導學生勿參加飆車活動，以資守法重紀，維護社會風氣，增進身心健康，希遵照辦。

說　明：邇來社會飆車風氣盛行，因飆車而造成傷亡事故不斷發生，而且嚴重破壞交通秩序，造成社會問題，所以應予加强勸導學生勿參加飆車活動。

辦　法：

一、提倡正當且有益身心之活動，使學生充沛之精力可獲適當之發揮。

二、嚴禁學生參加飆車活動或圍觀飆車活動，違者嚴予處分。

三、勸導學生愛惜生命、孝順父母，不要讓父母操心。

四、培養學生守法重紀的觀念，加强其明辨是非的能力。

廳　長　○○○

練習二九：

台灣省政府教育廳函所屬各級學校，請切實辦理學生平安保險。（七十六年特種考試台灣省基層公務人員考試丙等試題）

答案：

台灣省政府教育廳　函

中華民國××年×月×日
××字第××××號

受文者：所屬各級學校

主　旨：請切實辦理學生平安保險，請　查照。

說　明：

一、依據「學生平安保險辦法」第×條之規定辦理。

二、學生平安保險之意旨，在保護學生之身體健康，以及意外醫護之保障，應確實辦理，以維護學生之安全與利益。

辦　法：

一、各級學校有醫護人員者，應請醫護人員辦理各項學生平安保險工作；無醫護人員者，則另派人員擔任。凡此工作，均應切實加以督導、辦理。

二、學生之身體健康及安全受到威脅時，各級學校應迅速處理，並與有關單位密切配合，或報請上級核備。

廳　長　○○○

練習三○：

試擬台灣省政府函各縣市政府，指示應於人口密集地區，成立緊急醫療中心，以便及時救護臨時性災變之傷患民衆。附發「緊急醫療中心設置要點」一份。（六十八年高等考試行政人員各類科公文試題）

答案：

中華民國×年×月×日
××字第××××號

台灣省政府　函

受文者：各縣市政府

主　旨：各縣市政府應即成立緊急醫療中心，以便救護臨時性災變之傷患民衆，附發「緊急醫療中心設置要點」，請照辦。

說　明：

一、都市地區因人口集中，如遇天然或人爲災害，對於受災民衆，常因搶救失時，造成重大傷亡，類此不幸事件，近年時有發生。

二、爲減少傷亡損失，各縣市人口密集地區，應即設置「緊急醫療中心」，以應付突發災難事件。

三、茲經本府邀集有關單位研訂「緊急醫療中心設立要點」一種，分行各縣市辦理。

主　席　林洋港

緊急醫療中心設置要點

一、縣市應於境內居民稠密地區，設置「緊急醫療中心」，全縣市不以一處爲限。

二、本中心之主要任務，爲統籌搶救臨時性災變之傷患民衆，發揮整體工作精神，使傷亡人口減少至最低數量。

三、縣市轄區內公私立醫院之設備及人力均應納入編組，接受中心統一指揮，擔負急救任務。

四、裝設專用電話，接受民衆報案，隨時指揮各醫院並協調當地警察及消防機構，與中心保持密切聯繫。

五、凡編配本中心醫護人員，平時得施以急救訓練，必要時並得預作演習。

六、縣市預算應增列「災害救濟」與「急難輔助」專款，遇有不足時，得申請省府補助之。

練習卅一：

試擬行政院農業發展委員會函省市政府，爲輔導農村青年創業，改進農業技術，提高農民收益，特擬訂輔助撥款計劃，函請查照。〔六十八年高等考試建設人員各類科、專門職業及技術人員各類科（除律師）公文試題〕

答案：

行政院農業發展委員會　函

中華民國×年×月×日
××字第××××號

受文者：台灣省政府
　　　　台北、高雄市政府

主　旨：爲輔導農村青年創業，改進農業技術，提高農民收益，特擬訂輔助撥款計劃，函請查照。

說　明：奉　行政院指示：爲配合政府長期經建計劃，應鼓勵優秀青年參加農業生產，改進技術，提高收益，使地方經濟益臻繁榮。著由本會負責推動。

辦　法：特擬訂「輔助農村青年增產創業撥款計劃」，函請查照實施。

主任委員　李崇道

輔助農村青年增產創業撥款計劃

一、本計劃以獎勵青年參與農村建設，繁榮地方經濟爲目的。

二、農村青年購置生產器具及設施，得申請補助金。

三、農村青年獨立創業或改進農場經營者，得提出計劃申請貸款。

四、前項補助金及貸款之對象，以曾受政府舉辦之農技訓練或曾就讀農業系科畢業者爲優先。

五、本會預定本年度撥款新台幣壹億伍仟萬元，分配省市政府轉發各級地方政府核實支用。

練習卅二：

試擬行政院衛生署通函省、市、縣衛生行政主管機關，爲維護國民健康，應注

意查禁僞藥劣藥及危害人體之食品出售，違者從嚴處罰。（六十八年高等考試律師公文試題）

答案：

行政院衛生署　函

中華民國×年×月×日
××字第××××號

受文者：台灣省政府衛生處
副本收受者：台北市、高雄市政府衛生局
各縣市衛生局

主　旨：爲維護國民健康，希注意查禁僞藥劣藥及危害人體之食品出售，違者從嚴處罰，請照辦，並轉行照辦。

說　明：查强化藥物及食品之管理，爲現代國家維護國民健康之必要措施，近年本省各地，常有不肖商人出售僞藥劣藥及危害人體之食品，假其誇大不實之宣傳，愚騙民眾，貽害深遠，亟應從嚴取締。

辦　法：各級衛生行政機構，應將取締僞藥劣藥及不合規格之食品，列爲中心工作，指派專員經常定期檢驗及不定期抽查，並獎勵檢舉，擬訂執行取締及檢舉獎金辦法，以弘實效。

署長　王金茂

練習卅三：

擬台北市政府致所屬警察局函：市區內嚴禁儲藏易燃易爆之危險物品，希轉所屬，按戶清查取締，以策公共安全。（六十八年普通考試普通行政人員各類科公文試題）

答案：

臺北市政府　函

×年×月×日
×字第××號

受文者：台北市警察局
副本收受者：台北市民政局、建設局、社會局、工務局、環保局
主　旨：市區內嚴禁儲藏易燃易爆之危險物品，即轉所屬，按戶清查取締，以策公共安全，希照辦。
說　明：

一、最近本市撫遠街及重慶北路先後發生爆炸慘案，人民生命財產，損失甚鉅

二、爲免類似慘案重演，希督促所屬，嚴加預防。

三、茲檢附「危險物品管理辦法」×份，希轉發參考。

辦　法：

一、排定清查取締危險物品日程表，逐里按戶清查。

二、清查對象：

㈠列管有案之危險物品行業。

㈡製造、加工、儲存危險之地下工廠。

㈢儲存汽油或高度揮發性油類之場所。

㈣民衆檢舉可疑危險物品戶。

三、發現危險物品，限其遷至安全郊區，如不照辦，可即依違警罰法及有關法令，予以嚴格取締。

市　長　李○○

練習卅四：

擬行政院致所屬各機關函：請鼓勵同仁，節約消費，並依本院所訂：「鼓勵公

教人員儲蓄要點」。踴躍儲蓄。（六十八年普通考試經濟行政人員等各類科公文試題）

答案：

行政院　函

×年×月×日
×字第××號

受文者：所屬各機關

主　旨：請鼓勵同仁，節約消費，並依本院所訂：「鼓勵公教人員儲蓄要點」，踴躍儲蓄。希　照辦。

說　明：

一、當前國家處境艱難，大部份財力需用於充實國防及發展經濟，以厚植國力。政府關懷公教人員，於本年總預算中，仍編列調整待遇之鉅額經費，以期改善公教人員生活。希各公教人員共體時艱，節約消費。

二、依行政院主計處統計：公教人員調整待遇，平均幅度約爲百分之十三點八，去年七月至今年六月，一年中都市消費者物價指數上升爲百分之六點九九，亦即公教人員實質增加收入約百分之六强。如節約消費，當可有力儲蓄。

三、爲配合「改善社會風氣」方案之推行，希各同仁以身作則，簡化生活。積極推行檢樸風尙，並踴躍儲蓄，充實國力。

辦　法：

一、凡屬可撙節減免之消費，應儘量減免，尤忌舖張浪費。

二、儲蓄採志願參加方式，利率採優惠存款利率計算。

三、享受免徵所得稅。

四、詳細辦法請參閱「鼓勵公教人員儲蓄要點」。

院　長　孫〇〇

練習卅五：

擬內政部致工業總會函：希轉各工廠，加强機器防護措施，及新進人員訓練，預防暑期工讀生被機器**事件，以維工業安全。（六十八年普通考試建設人員各類科公文試題）

答案：

內政部　函

×年×月×日
×字第××號

受文者：工業總會
副本
收受者：各地方工礦及勞工安全衛生檢查單位
主　旨：希轉各工廠，加強機器防護措施，及新進人員訓練，預防暑期工讀生被機器軋傷事件，以維工業安全。
說　明：
一、工業災害發生原因，最主要是工廠安全防護措施不合理想。
二、勿惜小利，而忽視工業安全；一旦發生意外災害，業主不但應負法律責任，同時由於傷害勞動者，造成殘障，必使良心永遠不安。
三、新進人員，技能欠熟練，易遭意外傷害，尤其暑期工讀生，賺取工資，貼補學費，極應予以照拂。故如何致力消除意外災害，加強職前訓練，實有必要。
辦　法：
一、依法嚴格取締缺乏安全防護設施之工廠，責令改善。
二、新進人員予以職前訓練，講授工業安全方面之知識，學習期滿，方可正式參加工作行列。

三、對工讀生實習工作期間，應給予勞工福利。

部　長　邱〇〇

練習卅六：

試擬台灣省政府函呈行政院，請迅訂工業區公害防治辦法，有效推行環保政策。（七十七年特種考試臺灣省基層公務人員考試乙等公文試題）.

答案：

台灣省政府　函

中華民國××年×月×日
××××字第××××號

受文者：行政院

主　旨：請迅訂工業區公害防治辦去，以便有效推行環保政策，以減少省民所受之公害。

說　明：

一、邇來台灣各地民眾經常因公害污染問題，而發生自力救濟事件，不僅有礙經濟發展，且嚴重影響社會安寧與秩序。

二、工業區公害污染問題早已存在，但由於法令規章不夠具體周延，現有法令的罰則又太過輕微，不足以收儆尤之效，致使環境污染問題日趨嚴重。
三、時值民眾環保意識抬頭，公害問題的解決實屬刻不容緩。
四、請迅予訂定工業區公害防治辦法，轉函立法院審議，以便確實督導廠商改善污染情況，貫徹環保政策確實的推行。

主　席　邱　創　煥

（或作：臺灣省政府主席　邱創煥）

練習卅七：

試擬台灣省政府教育廳致全省各中等學校函：邇來青少年犯罪比率日增，希加强學生生活輔導，促進品德修養，以消弭暴戾越軌之行爲。（七十七年特種考試台灣省基層公務人員考試丙等公文試題）

答案：

台灣省政府教育廳　函

中華民國××年×月×日
××××字第×××××號

受文者：全省各中等學校

主　旨：請加强學生生活輔導，促進品德修養，以消弭暴戾越軌之行爲，並防止青少年犯罪，希照辦。

說　明：

一、邇來各地青少年犯罪事件時有所聞，雖與社會風氣、家庭教育不無關聯，然學校對學生之生活教育與品德修養亦影響至鉅，仍應予以重視。

二、消弭青少年暴戾越軌之行爲，降低青少年犯罪之比率，使青少年具有健全完美之品德和人格，乃教育之重要目標。

辦　法：

一、各級學校應加强學生生活輔導，促進其敦品勵學。

二、鼓勵學生利用時間閱讀書報，用以培養日後閱覽的好習慣。

三、經常舉辦各種課外活動，用以導引正確的休閒方式。

四、學校應切實和學生家長保持密切連繫工作，好讓家長能確實了解和掌握自己子弟在外的生活與言行狀況。

五、利用課餘或假日作家庭訪問，用以了解學生作息習慣。

六、對學生應加强道德精神教育和灌輸正確的法治觀念，使青少年知法、守法，以期降低犯罪比率。

七、關心學生的日常生活及在校的言行，積極地用以消弭暴戾越軌行爲之發生

八、對問題學生宜予設法善加輔導與處理，以免其誤入歧途。

廳　長　陳倬民

練習卅八：

擬行政院函所屬各機關：爲因應解嚴以來日益增多之自力救濟事件，今後應本事發前溝通重於事發後處理之原則，切實辦理。（七十七年高等㈠「行政人員各科別」公文試題）

答案一：

行政院　函

中華民國×年×月×日
×××字第×××××號

受文者：本院所屬各機關

主　旨：爲因應解嚴以來，日益增多之自力救濟事件，今後應本事發前溝通，重於事發後處理之原則，切實辦理，希遵照。

說　明：

一、自民國七十六年七月十五日解嚴以來，自力救濟事件，日益增多，民衆違法脫序行爲，亦時有所聞，甚至演變成街頭暴力事件，破壞社會秩序及國家形象甚鉅，令人深感痛心。

二、由於社會、政治面臨轉型期，如能設法事前的溝通，當可使人民瞭解政府之立場，進而支持政府的政策，而防止自力救濟事件的發生。

三、雙向溝通重於單向溝通，應儘可能聘請專家學者參與，並請民意代表參加，才能獲得民眾之信服，進而達到溝通的平衡點。

四、爲因應日益增多，並且有愈演愈烈的自力救濟事件，今後各級機關應本事發前溝通，重於事發後處理之原則，切實辦理。

院　長　俞國華

答案二：

行政院　函

中華民國×年×月×日
×××字第××××號

受文者：本院所屬各機關

主　旨：爲因應解嚴以來，日益增多之自力救濟事件，今後應本事發前溝通，重於事發後處理之原則，切實辦理，希遵照。

說　明：

一、政府為貫徹民主政治，維護自由精神，特自民國七十六年七月十五日解除戒嚴法。
二、解嚴以來，由於社會、政治面臨轉型期，以及社會團體缺乏公識力，又大多缺乏良好的溝通機會，以致自力救濟事件層出不窮。
三、此等事件不但造成交通混亂，阻礙經濟發展，更破壞社會秩序及國家形象，易為陰謀份子所趁，而危害到國家社會的安全。
四、為恢復社會正常運作、提昇政府公信力，設法加强事發前的溝通工作，預防類似事件再度發生，當為各機關急予努力之目標。

辦法：
一、目前社會變遷快速，各機關應當積極了解社會動態，以期符合人民需求。
二、主動深入社會層面、接觸民眾，時時注意民情、輿論的反映，期以深入了解民眾的想法和立場，用以發掘積習已久的各種弊端。
三、强調和諧的社會方能有進步的社會；訴諸非理性的活動，只會憑添社會負擔。
四、加强宣導法治精神，誘導民眾依循正常方向解決問題。
五、加强民眾道德共識，以公序良俗為要，勿因救濟行為，妨礙大眾行的方便

六、各機關作決策時，應以民眾權益為前題，儘量避免造成民眾之不利；萬一國家公權力之使用，有損及部份民眾之權益時，應主動提出說明、溝通，避免誤解。

七、時常舉辦專題座談會、提供各種溝通管道，以利民情反映，促使政府官員和人民增加彼此間的了解。

八、各機關在處理各種案件時，應以開放、進步之態度去發揮行政功能，提高辦事效率，革除敷衍了事之陋習。

九、各機關應當確定職責，不可有因循苟且、相互推諉之情事發生。

十、各機關於所管轄職權範圍內，儘力為民眾謀求最大權益，若無法自行決定，亦當主動上報，以便求得圓滿解決。

十一、對民眾抗爭之事，應予以深入探討、了解，並給予明確之答覆，不可推諉搪塞。

十二、各機關遇民眾糾紛，當嚴守中立，不可偏袒，並要依法理情，快速做一折衝作為，以避免事態擴大。

十三、促成相關法令的建立，使執法人員得以公正裁決，民眾得以迅速解決問題

十四、凡有違法之自力救濟，應給予適當之處分，用以扼住歪風之流行。

十五、若因溝通不當而不幸發生自力救濟之事，亦應本解決問題之精神，勇於面對事實，承擔責任，使公權力得以伸張，政府威信得以保全。

院　長　俞國華

練習卅九：

試擬台北市政府致內政部函：爲端正社會風氣，革新民俗，請速訂「寺廟慶典儀式規範」，以便遵行。（七十七年高考㈡「技術人員各科別」公文試題）

答案：

中華民國×年×月×日
×××字第××××號

臺北市政府　函

受文者：內政部

主　旨：爲端正社會風氣，革新民俗，請　貴（鈞）部速訂「寺廟慶典儀式規範」，以便遵行。

說　明：

一、近年來寺廟有如雨後春筍，到處林立，每逢慶典，儀式各異其趣；然其造成交通阻塞、製造髒亂，或者歛財中飽、傷風敗俗，則時有所聞。

二、爲謀求端正社會風氣，革新民俗，統一各寺廟慶典活動之儀式，實爲當前施政的要務。
三、請速制訂「寺廟慶典儀式規範」，以便全國各地一體遵行。
四、檢送本市「各寺廟慶典儀式之調查報告」乙份，敬請　參考。

市　長　吳伯雄

練習四〇：行政院分函所屬部會局署，對於預算之執行，應恪遵節約原則，非屬必要，不得請求增加。（七十七年普考「行政人員各科別」公文試題）

答案：

行政院　函

中華民國×年×月×日
×××字第××××號

受文者：本院所屬部會局署
副　本
收受者：本院研究發展考核委員會
主　旨：對於預算之執行，應恪遵節約原則，非屬必要，不得請求增加，希照辦（

或：請查照）。

說　明：正值本會計年度開始，各機關對於預算之執行，即應恪遵節約原則，避免不必要的浪費，非屬必要，不得請求增加支出。

辦　法：

一、各機關之主管人員，應隨時注意本機關預算執行狀況。

二、各機關人員對於公物，應負善良管理人之責，避免公物管理上的浮濫支出

三、對於各機關之帳目，將不定期加以抽檢。

院　長　俞國華

練習四一：

擬台灣省政府函行政院人事行政局：為促使科技發展與進步，請遴選各單位青年優秀員工，送各大專院校有關系所進修，以應國家建設之需求。（七十七年普考「技術人員各科別」公文試題）**答案：**

台灣省政府　函

中華民國×年×月×日

×××字第××××號

受文者：行政院人事行政局

主　旨：為促使科技發展與進步，請遴選各單位青年優秀員工，送各大專院校有關系所進修，以應國家建設之而求，敬請核採。

說　明：

一、各單位員工凡是服務成績和年齡達到一定遴選標準時，由各單位選派一至三名為限。

二、充分利用各大專院校現有師資和設備，在可能條件下，就近將有需受訓人員分批送往進修。

三、受訓成績列入該員考核績效項目。

主　席　邱創煥

練習四二：

擬行政院通函各省市政府：希擬具各該省市消除環境污染計畫，限期報核，俾資統籌規劃。（七十六年高考㈠「行政人員各類科」公文試題）

答案：

行政院　函

中華民國×年×月×日
×××字第×××××號

受文者：各省市政府

主　旨：希擬具各該省市消除環境污染計畫，限期報核，俾資統籌規劃，請照辦。

說　明：邇來工業發展迅速，人民生活品質提升，對環境污染問題甚爲重視；爲及早謀取對策，防患未然，研擬因地制宜計畫，以利環境污染之防治。

辦　法：

一、加强對所屬區域環境評估，尤其對工廠排放廢水、垃圾場、大型養豬戶排放廢水、地下溝渠、河流列爲清查重點。

二、將清查重點區列入管制，嚴予取締，俾與消除環境污染計畫配合。

院　長　俞國華

練習四三：

試擬行政院人事行政局致考選部函，爲行政院所屬各機關需用各類技術人員，檢附任用計畫，請在高普考試及格人員分發不足之情況下，依照規定舉行特種考試。（七十六年高考(二)「技術人員各類科」公文試題）

答案：

行政院人事行政局　函

民國×年×月×日
××字第×××號

受文者：考選部

主　旨：爲行政院所屬各機關需用各類技術人員，檢附任用計畫，請在高普考試及格人員分發不足之情況下，依照規定舉行特種考試，請查照。

說　明：

一、近年來由於推行各項經濟建設，需用各類技術人員甚夥，以利國家經建工作之推展。

二、歷年來在高普考試及格人員分發不足之情況日益嚴重。

三、爲配合考用合一政策，請准予依照規定舉行各種特種考試，以應時需。

局　長　〇〇〇

練習四四：

擬台灣省政府教育廳致教育部函，爲提供預防學生目力近視之意見，請核採。

（七十六年普考抂「行政人員各類科」公文試題）

答案：

台灣省政府教育廳　函

中華民國×年×月×日
×××字第××××號

受文者：教育部
主　旨：為提供預防學生目力近視之意見，請核採。
說　明：
一、由於科技進步，人類活動增加，如電視機、電腦等文明產物的發明，使得學生近視機會增多。
二、為預防學生目力近視日趨嚴重，特提供意見，以期宣導執行，改善視力，減少近視之比例。
辦　法：
一、教室設備應力求完備，如燈光標準、黑板弧度設計等問題。
二、採用教科書時，應選擇印刷精美、字體大小適中者為限。
三、加强視力保健宣導，隨時派視力保健人員至學校宣導。
四、利用視聽、圖書、畫報等有關文物登載視力保健常識。
五、定期舉辦視力檢查。

廳　長　陳倬民

練習四五：

試擬：內政部函各警政機構加强取締「大家樂」賭博，並嚴禁包庇縱容情事，以戢賭風，而維警紀（七十五年特種考試台灣省基層公務人員考試乙等公文試題）

答案：

內政部　函

中華民國×年×月×日
××字第××××號

受文者：各警政機構（警政署、台灣省警務處、台北市警察局、高雄市警察局、及各警政機構）

主　旨：爲加强取締「大家樂」賭博，並嚴禁包庇縱容情事，以戢賭風，而維警紀，請遵照辦理。

說　明：

一、「大家樂」賭博，已嚴重敗壞勤儉純樸的社會風氣，助長不良份子囂張違法；甚至導致弑親殺妻命案的發生。

二、爲維護治安，禁絕賭風，應立即給予嚴加取締。

三、各警政機構向爲鋤暴安民的單位，嚴禁從中包庇縱容，助長賭風。

辦　法：

一、人民違法參加「大家樂」賭博者，依據「違警罰法」中有關「賭博罰則」加以嚴辦。

二、具有公教人員身分參與「大家樂」賭博者，除依法嚴辦外，並予以行政處分。

三、民意代表、社會賢達，咸爲人民楷模，嚴禁參與從中關說包庇。

四、各警政單位不得有包庇縱容情事，否則各該負責人依法接受處分。

五、各警政機構應將辦理成果，定期列報，以利管制評比。

部　長　○○

練習四六：

試擬台灣省政府函各縣（市）政府：爲辦好本屆增額中央民意代表選舉，特頒應注意事項，希照辦（七十五年特種考試台灣省基層公務人員考試丙等公文試題）

答案：

台灣省政府　函

民國×年×月×日
××字第×××號

受文者：各縣市政府

主　旨：爲辦好本屆增額中央民意代表選舉，特頒應注意事項，希照辦。

說　明：

一、本屆增額中央民意代表之選舉，已訂於今（七十五）年×月×日舉行。

二、選舉乃關係今後國家政策及人民權利之運作，所以必須做好選務工作，眞正做到公開、公平而選賢與能。

三、爲辦好本屆增額中央民意代表選舉，故特頒應注意事項。

辦　法：

一、多方加强宣導工作，促使投票率上升，用以達到選賢與能的目的。

二、切實調查各轄區內之幽靈人口，以免發生虛設戶籍而壟斷票源之情事。

三、嚴禁威脅利誘等不法行爲之助選活動，否則一經調查屬實，從嚴法辦。

四、選舉期間若發現有人進行滲透、顚覆、破壞活動，應立即報告上級機關調查、或請警察機關處理。

五、另檢附「選舉規則」一份。

主　席　邱創煥

練習四七：

擬內政部警政署分函台灣省警務處及台北、高雄兩市警察局：近日社會治案惡化，希督勵同仁，特別加强巡邏緝捕工作，務期掃除不法，迅奏績效。（七十八年普通考試「技術人員各科別」公文試題）

答案：

內政部警政署　函

中華民國×年×月×日
×××字第×××××號

受文者：台北市政府警察局
高雄市政府警察局
台灣省政府警務處

主　旨：爲近日社會治安惡化，希督勵同仁，特別加强巡邏緝捕工作，務期掃除不法，迅奏績效；希遵照辦，並轉知（請）所屬切實遵行。

說　明：

一、據內政部統計資料顯示，竊盜、謀殺、綁架、搶劫案件節節上升，今年度犯罪總數高達×××人次，堪爲隱憂。

二、近來槍枝走私日盛，社會上黑槍氾濫，致使槍擊事件時有所聞。

三、流氓、幫派火拼、互毆，造成社會大衆不安，影響社會治安甚鉅。

四、選舉在即（適逢選舉），爲防患暴力介入，確保選舉公平、公開、公正之原則，務必加强巡邏緝捕工作，以絕選舉歪風，維持治安。

五、社會治安日趨惡化，各類暴力、不法之行爲層出不窮，嚴重影響社會安定與經濟發展。凡我警界同仁應以掃除不法、維持秩序爲己任，時時自我惕勵，切勿怠忽職守，故請督勵所屬加强巡邏緝捕工作，俾能績效奏功。

辦法：

一、以督促及獎勵方式，設置破案獎金，並表揚績優人員，用以激勵士氣。

二、加强警民之間的連絡合作工作，使得一有狀況，便能迅速掌握。

三、利用社區民眾守望相助的力量，以期收到防止犯罪發生事半功倍的效果。

四、徹底清查地方不法分子，並檢肅流氓，用以維護地方安寧。

五、充實裝備、添置防彈衣帽並適當增强緝兇火力，用以保障警界同仁生命安全。

六、追查不法槍枝走私情況，有效阻止黑槍充斥市面，杜絕禍亂根源。

七、請增加各哨所、路口巡邏臨檢次數，以收打擊罪犯迅雷不及掩耳之效。

八、檢附「加强巡邏緝捕工作有功人員獎勵辦法」一式三份。

署長　羅張

練習四八：

代台北市補習教育事業協會爲避免因招生發生無謂糾紛，招致社會物議，函各會員補習班各派負責代表與會，共同研訂自律公約；又爲免除惡性競爭，請多方收集有關資訊，以便迅速商訂各類班級之收費標準。（七十七年高考「文書人員」「應用文」公文試題）

答案：

台北市補習教育事業協會　函

中華民國×年×月×日
×××字第××××號

受文者：各會員

主　旨：爲避免因招生發生無謂糾紛，招致社會物議，請各會員補習班各派負責代表與會，共同研訂自律公約；又爲免除惡性競爭，請多方收集有關資訊，以便迅速商訂各類班級之收費標準；請查照。

說　明：

一、近因適逢招生熱季，據聞有若干會員因招生而發生強烈衝突，引起輿論批評。

二、爲求自律，以正視聽，請各會員於本月×日上午×時正至本會一樓會議室參與研商。

三、與會前，請事先收集相關資料，研擬具體意見，以便訂定各類班級之收費標準。

會　長　○○○

練習四九：

擬台北市政府函所屬各機關學校，嚴禁公教人員從事有關證券交易等活動，違者依法嚴懲。（七十八年特種考試經濟部所屬事業機構人員各類科公文試題）

答案：

臺北市政府　函

××年××月××日
×××字第×××××號

受文者：所屬各機關學校

主　旨：爲加强行政效率、提昇教育品質，即日起嚴禁公教人員從事有關證券交易等活動，違者依法嚴懲，希照辦。

說　明：據報載邇來公教人員從事證券交易活動日益盛行，以致上班時間無心公務，工作效率日益低落，洽公民衆怨聲四起，教育品質日趨惡化。本府爲杜絕利用上班時間從事證券交易，特訂定以下辦法，請確實執行，以達提高行政效率、教育品質之目的。

辦　法：

一、各機關學校立即成立「工作查核小組」，以檢查所屬人員有無從事證券交易情事，如有發現，依法嚴懲，絕不寬貸。

二、各單位負責人確實監督所屬人員，若有包庇情事，連帶處罰。

三、各機關學校普設意見箱，以利民眾、學生舉發公教人員從事證券交易等活動。

市　長　吳○○

練習五○：

試擬：台北縣政府爲重陽敬老函各鄉鎮市公所請塡報老人調查表。

答案：

台北縣政府　函

七十六年十月×日

××字第×××號

受文者：各鄉、鎭、市公所

主　旨：爲辦理重陽敬老，希於×月×日前，將　貴鄉、鎭市轄區內七十歲以上男女　老人照表塡報。
說　明：
一、敬老尊賢，爲我國固有之美德，本年重陽節，本府依往例，舉辦敬老會，並致送禮品，以示敬老之意。
二、現在人口異動頻繁，爲免遺漏，實有重予調查之必要。
三、隨文附發七十歲以上男女老人調查表×××份。

縣　長　林豐正

練習五一：

擬行政院人事行政局函行政院：爲修正「天然災害停止辦公作業要點」，報請核定實施。（七十九年特種考試司法人員「乙等司法官」公文試題）

答案：

行政院人事行政局　函

××年××月××日
××字第××××號

受文者：行政院

主旨：爲修正「天然災害停止辦公作業要點」，報請核定實施。

說明：

一、九月初「黛特」颱風過境，本局依「天然災害停止辦公作業要點」規定，並根據中央氣象局之預測，發布須照常上班，但因風强雨驟，上班民衆頗感不便，致生怨言。故擬修正「天然災害停止辦公作業要點」，以符實際需要。

二、「天然災害停止辦公作業要點」中若干不符現實狀況者，業已會同中央氣象局人員修正完畢，特報請核定實施。

辦法：

一、若遇天然災害，由各縣市政府視當地情況，自行決定上班、上課與否。

二、經縣市政府決定必須上班之民衆，因子女毋需上課乏人照顧、或所住地區遭天然災害致使無法到達上班地點時，可自行決定不上班，於日後提出報出說明即可。

三、檢奉修正「天然災害停止辦公作業要點」乙份如附件。

人事行政局局長　○○○

練習五二：

擬臺灣省政府通函所屬各縣市政府：希嚴加取締濫葬，宜利用山坡地籌建示範公墓，墓穴務須整齊劃一，以維觀瞻。（七十九年特種考試司法人員「乙等公設辯護人、監獄官、法醫師」公文試題）

答案：

台灣省政府　函

××年××月××日
×××字第×××號

受文者：省屬各縣市政府

主　旨：請嚴加取締濫葬，並利用山坡地籌建示範公墓，墓穴務須整齊劃一，以維觀瞻，希照辦。

說　明：

一、邇來濫葬行爲層出不窮，嚴重影響市容觀瞻，有加以禁止之必要。

二、目前本省各地可葬土地面積日減，如何利用現有可葬土地，規劃成墓穴整齊之墓園實爲當務之急。

三、各縣市政府應利用山坡地籌建示範公墓，以便民衆有所取效。

辦　法：

一、各縣市政府應訂定「濫葬取締辦法」，以爲執行取締之依據。
二、各縣市政府應嚴格督導所屬，徹底執行取締行爲。
三、各縣市政府應於年度預算中編列經費，作爲興建示範公墓之財源。

主　席　連戰

練習五三：

擬司法院函行政院：請轉教育部，加强各級學校法律常識教育，以維治安，而收端正社會風氣之實效。（七十九年特種考試司法人員「丙等各類科」公文試題）

答案：

司法院　函

××年××月××日
××字第××××號

受文者：行政院

主　旨：請轉教育部，加强各級學校法律常識教育，以維治安，而收端正社會風氣之實效。

說　明：

一、邇來社會治安紊亂，影響國人生命安全及財產保障甚鉅。

二、目前犯罪年齡有逐漸下降趨勢，肇因於各級學校之學生不諳法律，而誤入歧途。
三、爲根除此一不正常現象，加強灌輸學生法律常識，實爲當務之急。
四、請轉所屬教育部，加强各級學校法學教育，期使學生建立正確之法治理念，用以導正社會風氣，消弭犯罪，以維社會治安。

院　長　○○○

練習五四：擬教育部致所屬各大專院校函：各校辦理旅遊活動應切實注意安全，避免意外發生。

答案：

教育部　函

中華民國○○年○月○日
○字第○○○○○○○號

受文者：本部所屬各大專院校
副　本
收受者：臺灣省政府教育廳、臺北市政府教育局、高雄市政府教育局。
主　旨：爲防止意外發生，各校辦理旅遊活動，應切實注意安全，請　查照。

說　明：

一、查各校辦理旅遊活動，迭有意外事件發生，尤以八十一年四月間健康幼稚園火燒車，造成二十餘位幼童罹難，更駭人聽聞。

二、旅遊活動爲整體教學方式的一種，各校亦不可因偶有意外事件發生，而有所偏廢。

三、對可能發生之危險，應事先妥爲防範。

辦　法：

一、各校應指派熟諳旅遊之人員，負責辦理旅遊活動之審查工作，並輔導學生作好事前準備。

二、各校應租用合格之遊覽車，對於所謂「野雞遊覽車」應禁止租賃，事前應簽訂租賃契約；出發前應詳細檢查車況。

三、旅遊路線，主辦人員應事先實施查勘。

部　長　〇〇〇

練習五五：

擬臺北市教育局致所屬各級學校函：不得代出版商推銷未經審查之補充教材，

以利正常課業，減輕學生負擔。

答案：

臺北市政府教育局　函

××年××月××日
××字第××××號

受文者：本局所屬各級學校

主　旨：爲維持正常課業，減輕學生負擔，各級學校不得代出版商推銷未經審查之補充教材，並訂調查表如附件，請照辦。

說　明：

一、依教育部××字第××號函辦理。

二、近來教育部經檢舉，查獲本市數所學校，代理出版商推銷未經審查之補充教材，非但影響正常教學，增加老師及學生之負擔，且傷害學生視力及五育均衡發展。

三、爲瞭解各校執行狀況，訂定調查表如附件。

辦　法：

一、請塡妥調查表後報局備查。

二、本局將不定期至各校抽查執行成效。

局長　○○○

練習五六：

擬內政部致各省市政府函：請注意保護名勝古蹟，以配合觀光事業之發展。

答案：

內政部　函

民國八十四年三月廿四日
台崑字第×××××號

受文者：臺灣省政府
福建省政府
臺北市政府
高雄市政府

副　本
收受者：交通部觀光局

主　旨：請注意保護名勝古蹟，用以配合觀光事業之發展，並附「名勝古蹟保護細則」一種，請依規定執行，並轉行所屬照辦。

說　明：

一、名勝古蹟不僅爲文化資產，亦可增加觀光事業之發展，故保護名勝古蹟之工作刻不容緩。

二、邇來各地名勝古蹟屢遭破壞，故妥善規劃維護名勝古蹟之工作急待加強。

辦　法：

一、各省市政府應加強宣導、灌輸、教育民衆維護及保存名勝古蹟之觀念。

二、各省市政府應逐年編列預算，加強對損壞老舊名勝古蹟之維修與保存，用以配合政府觀光事業之發展。

三、於省市政府轄區內，各成立名勝古蹟保護委員會，用以加強保護轄區內名勝古蹟。

四、附「名勝古蹟保護細則」一種，請依規定執行。

部　長　黃○○

練習五七：

擬某市政府公告，指示防颱注意事宜，並呼籲市民及早防備，以期減免災害。

答案：

民國八十四年五月廿四日

○○市政府公告

××字第×××××號

主　旨：公告本市防颱注意事宜，請各位市民及早防備，以期減免災害。

依　據：內政部八十四年三月八日×字第××號函。

（或作：臺灣省政府八十四年三月八日×字第××號函）

公告事項：

一、目前正值初夏，隨時會形成颱風；鑑於歷年災害損失之慘重，故須預先加以防患。

二、爲期減免災害，特別公告防颱注意事宜如左：

㈠各市民自行檢查居家門窗、天線，以確保安全。

㈡屋外招牌及樹木應加強釘牢支架，以免遭風吹落，傷及路人。

㈢各巷道水溝及地下道應加速清除，保持暢通。

㈣應儲備食物、乾糧、飲水、照明設備，以應不時之需。

㈤居住低窪及濱海地區之市民，應嚴防豪雨成災。

㈥隨時收聽颱風動向之報導。

㈦本市防颱電話專線爲九八八—三三三三三。

市　長　○○○

附錄二：歷屆高普考、各種特考「國文」試題彙編

六十五年高等考試試題

類科：各類行政人員

科目：國文

一、論文

蘇軾教戰守策曾謂：『生民之患，在知安而不知危，能逸而不能勞：此其患不見於今，而將見於他日。』試申論之。

二、公文

擬臺灣省政府教育廳覆教育部函：

爲提倡勤儉淳樸遵守法紀之社會風氣，遵照部頒『輔導青少年有關事項』之規定，擬定『台灣省政府教育廳輔導青少年實施辦法草案』，覆請鑒核。

六十五年高等考試試題

類科：律師

科目：國文

一、論文

如何預防犯罪，以遏亂萌？試述所見。

二、公文

擬大陸災胞救濟總會致各機關學校及人民團體函：

我國大陸近連續發生大地震，災胞甚多，請踴躍捐助，以發揚仁愛精神。

六十五年高等考試試題

類科：建設人員各類科、專門職業及技術人員各類科（除律師）

科目：國文

一、論文

『思國之安者，必積其德義。』

二、公文

擬行政院人事行政局致十大建設主辦各機關函：

遵照蔣院長鼓勵科技人才爲國效命之指示，本局將首次舉辦科技傑出人才甄選表揚，請審愼推薦科技傑出人才見復。

六十五年普通考試試題

類科：各類行政人員

科目：國文

一、論文

「爲者常成，行者常至。」

二、公文

擬台北市政府致所屬各機關學校函：

訂頒「台北市政府嚴禁所屬公敎人員賭博冶遊執行要點」，希轉知所屬遵照。

六十五年普通考試試題

類科：建設人員各類科、專門職業及技術人員各類科

科目：國文

一、論文

「莊以立身」與「敬以治事」

二、公文

擬某某縣政府覆台灣省政府函：

畢莉颱風過境，本縣受災實況及救濟善後各情，覆請鑒核。

六十六年高等考試試題

類科：各類行政人員

科目：國文

一、論文

宋司馬光謂取士之道，常以德行爲先，藝能爲末，試申論之。

二、公文

試擬行政院人事行政局上行政院函，爲擬訂行政院暨所屬部會處局署員工自强及康樂活動實施要點，報請核定施行。

六十六年高等考試試題

類科：建設人員各類科、專門職業及技術人員各類科
（除律師）

科目：國文

一、論文

論業精於勤，事立於豫。

二、公文

行政院國家科學委員會鑒於配合國家經濟發展之需要，亟應加强培植科技人才，其有關充實大專院校理工科系師資及設備等事項，宜由教育部統籌規劃，試擬國科會致教育部函。

六十六年普通考試試題

類科：財稅行政人員、金融人員內勤組、外勤組、國際貿易人員、會計審計人員、統計人員

科目：國文

一、論文

「人皆可爲聖賢豪傑，惟患其志之不立，其行之不篤耳」（總統　蔣公遺訓）

二、公文

擬台北市教育局致本市各中學函：

希加强學生生活輔導，促進品德修養，以消弭越軌行動。

六十六年普通考試試題

類科：各類行政人員（除財稅行政人員、金融人員內勤組、外勤組、國際貿易人員、會計審計人員、統計人員）

科目：國文

一、論文

「立國之道，操之在我則存。」

二、公文

擬臺灣省政府致所屬各縣市政府函：

希切實辦好今年各項地方公職人員選舉。

六十七年特種考試關務暨稅務人考試試題

等類：丙等考試各類科

科目：國文

一、論文

如何發揚敬業精神

二、公文

擬財政部致所屬關務及稅務機構函：

希轉知所屬：注重操守，不可接受商人餽贈及宴會；亦不得有留難情事。

六十七年特種考試交通事業鐵路人員考試試題

類科：業務、技術類員級各科

科目：國文

一、論文

鐵路運輸與經濟發展

二、公文

擬臺灣省鐵路管理局致台北市火車站函：

清明節屆，希酌增班車，以便旅客返鄉掃墓。

六十七年特種考試交通事業鐵路人員考試試題

類科：業務、技術類佐級各科

科目：國文

「工欲善其事，必先利其器」說

六十八年普通考試試題

類科：第一梯次考試各類科

科目：國文

一、論文

如何防制經濟犯罪

二、公文

擬行政院致所屬各機關函：

請鼓勵同仁，節約消費；並希依本院所訂：「鼓勵公教人員儲蓄要點」，踴躍儲蓄。

六十八年普通考試試題

類科：第二梯次考試行政人員各類科

科目：國文

一、論文

「與其詛咒四周黑暗，何不燃亮一隻蠟燭。」（蔣總統嘉言）

二、公文

擬台北市政府致所屬警察局函：

市區內嚴禁儲藏易燃易爆之危險物品，希轉所屬，按戶清查取締，以策公共安全。

六十八年高等考試試題

類科：行政人員各類科

科目：國文

一、論文

「立人之道，曰仁與義。」

二、公文

擬臺灣省政府函各縣市政府，指示應於人口密集地區，成立緊急醫療中心，以便及時救護臨時性災變之傷患民衆。附發「緊急醫療中心設置要點」一份。

六十八年高等考試試題

類科：建設人員各類科、專門職業及技術人員各類科（除律師）

科目：國文

一、論文

發展科技應以改善民生爲目的

二、公文

試擬行政院農業發展委員會函省市政府，爲輔導農村青年創業，改進農業技術，提高農民收益，特擬訂輔助撥款計畫，函請查照。

六十八年高等考試試題

類科：律師

科目：國文

一、論文

我對司法革新之建議

二、公文

試擬行政院衛生署通函省、市、縣衛生行政主管機關，爲維護國民健康，應注意查禁僞藥劣藥及危害人體之食品出售，違者從嚴處罰。

六十八年特種考試金融事業人員考試試題

等別：乙等考試

類科：業務人員、國際貿易人員

科目：國文

一、論文

金融事業與國家經濟的關係

二、公文

擬財政部致各金融機構函：

希轉所屬，切實奉公守法，注重操守，預防經濟犯罪案件的發生。

六十九年普通考試試題

類科：第一梯次考試各類科

科目：國文

一、論文

「學問應以濟世爲目的」（先總統　蔣公嘉言）

二、公文

擬行政院致所屬各機關函：

希嚴格執行預算，恪遵節約原則，非絕對必需開支，不得請求追加預算。

六十九年普通考試試題

類科：第二梯次考試各類行政人員

科目：國文

一、論文

國家利益高於一切

二、公文

擬臺灣省政府致所屬各縣市政府函：

希充實衛生機構，加强醫療服務，以增進人民保健工作。

六十九年普通考試試題

類科：建設人員各類科、專門職業及技術人員各類科

科目：國文

一、論文

論「學術報國」

二、公文

擬交通部觀光局致青年輔導委員會函：

茲需用導遊人員若干名，開列應具條件，希函復推介，以備甄選錄用。

六十九年高等考試試題

類科：各類行政人員（除普通行政人員文書組）

科目：國文

一、論文

爲政首在得人，曾國藩曰：「得人不外四事，曰廣收、愼用、勤教、嚴繩。」

試申其義。

二、公文

擬內政部致各省市政府函：

爲辦好本屆增額中央民意代表選舉，特提供應注意事項，希照辦。

六十九年高等考試試題

類科：建設人員各類科、專門職業及技術人員各類科（除律師）

科目：國文

一、論文

物質建設與文化建設

二、公文

擬台北自來水事業處公告：

爲久旱不雨，水源銳減，特定期採行定時分區供水，並請各用戶節約用水。

六十九年高等考試試題

類科：律師

科目：國文

一、論文

論審檢分隸

二、公文

擬行政院致所屬各機關函：

爲整肅貪污，端正政風，特列舉公務員應注意事項，希轉所屬遵照。

七十年普通考試試題

類科：第一梯次各類行政人員

科目：國文

一、論文（七十％）

「勤儉建國」的時代意義

二、公文（三十％）

擬臺灣省政府函各縣市政府：最近颱風過境，豪雨成災，有關災後各項復建工作，希即按輕重緩急，切實辦理。

七十年普通考試試題

類科：第二梯次各類科

科目：國文

一、論文（七十%）

增產與均富

二、公文（三十%）

擬行政院函經濟部、財政部、中央銀行：希就當前工商界困境，儘速研擬解決方案見復。

七十年普通考試試題

類科：建設人員各類科、專門職業及技術人員各類科

科目：國文

一、論文（七十%）

充實自己與服務人群

二、公文（三十%）

擬衛生署復行政院：遵照指示擬訂「空氣污染防制法修正草案」，復請鑒核。

七十年高等考試試題

類科：各類行政人員

科目：國文

一、論文（七十％）

論物質建設與精神建設應二者並重

二、公文（三十％）

擬行政院函所屬各機關：希全面推行「工作簡化」，切實簡化法令規章與作業程序，以提高工作效率，加强爲民服務。

七十年高等考試試題

類科：建設人員各類科、專門職業及技術人員各類科

（除律師）

科目：國文

一、論文（七十％）

如何廣培科技人才以推進國家建設

二、公文（三十％）

擬行政院函內政部：邇來不法商人，常有濫墾、濫建情事，每遇颱風豪雨，山洪挾泥沙以俱下，往往釀成水災。希轉知主管單位，今後對山坡地之開發建築，必須作好水土保持工作及公共安全設施，始准核發建築執照，以策安全。

七十年高等考試試題

類科：律師

科目：國文

一、論文（七十％）

古人有言：「先教後罰」。又曰：「刑以輔教」。試就其意申論之。

二、公文（三十％）

擬司法院函各級法院：爲期遏止竊盜猖獗，嗣後法院對於竊盜案件，應依法酌予從重量刑，以懲頑劣，而確保社會治安。

七十一年普通考試試題

類科：各類行政人員

科目：國文

一、論文（七十%）

論中華文化必能消滅共產主義

二、公文（三十%）

擬行政院函教育部：爲提高公務人員素質，推廣高等教育，應將「國立政治大學附設空中行政專科進修補習學校」改制爲大學，請擬訂具體週密之辦法見復

七十一年高等考試試題

類科：各類行政人員（除普通行政人員文書組）

科目：國文

一、論文（七十分）

先總統　蔣公遺訓：「處變不驚、愼謀能斷、莊敬自强。」試就今日國家處境闡述其重要。

二、公文（三十分）

擬行政院人事行政局上行政院函：

爲修正「天災停止辦公作業要點」，報請核定實行。

七十一年高等考試試題

類科：建設人員各類科、專門職業及技術人員各類科
（除律師）

科目：國文

一、論文（七十分）
經濟建設與文化建設

二、公文（三十分）
擬臺北市政府研訂整理市區交通要點，函報行政院查核。

七十一年高等考試試題

類科：律師

科目：國文

一、論文（七十分）
如何疏減訟源？試抒所見。

二、公文（三十分）
試擬法務部函所屬檢察機關：政府為加強保障人權，經將刑事訴訟法部分條文

修正公布，今後辦案應特別注意其新增規定，不得有所疏誤，希查照並飭屬知照。

七十二年全國性公務人員普通考試試題

類科：各類行政人員

科目：國文

一、論文

發揚勤儉精神與端正社會風氣

二、公文

擬臺灣省政府函各縣市政府：

為加强地方自治功能，特將鄉鎮市長平時獎懲，授權縣長核定，附修正「臺灣省鄉鎮縣轄市長成績考核辦法」一份，希照辦。

七十二年全國性公務人員普通考試試題

類科：建設人員各類科

科目：國文

一、論文
如何建設一個現代化的農村
二、公文
臺灣省政府衛生處函各縣市衛生局：爲夏季傳染病容易感染，請加强各項衛生及防疫措施，以維國民健康。

七十二年全國性公務人員高等考試試題

類科：各類行政人員（除普通行政人員文書組）
科目：國文

一、論文（七十％）
公權力之行使必以建立公信爲基礎
二、公文（三十　％）
試擬行政院函各省市政府：希通函所屬各機關學校，今後辦理建設工程，應切實依法公開招標，不得任意變更設計或追加預算，以杜流弊而節公帑。

七十二年專門職業及技術人員普通考試試題

類科：各類科

科目：國文

敬業與利群

七十二年專門職業及技術人員高等考試試題

類科：各類科（除律師）

科目：國文

專門知識與職業道德

七十二年專門職業及技術人員高等考試試題

類科：律師

科目：國文

杜預謂「法行則人從法，法敗則法從人」；試申其義。

七十三年全國性公務人員普通考試試題

類科：各類行政人員

科目：國文

一、論文

團結自強與中興復國

二、公文

擬台北市政府函行政院，報告六三水災構成之原因，及今後防治水患之辦法。

七十三年全國性公務人員普通考試試題

類科：建設人員各類科

科目：國文

一、論文

經濟建設與文化建設。

二、公文

擬內政部警政署函各級警察機關：加強預防犯罪工作及嚴格取締變相色情營業，以維社會治安。

七十三年全國性公務人員高等考試試題

類科：各類行政人員（除普通行政人員文書組）

科目：國文

一、論文（七十分）

如何加强國民心理建設

二、公文（三十分）

本年六月內，臺灣地區接連發生重大災害事件，生命財產損失至鉅。行政院函飭內政、經濟二部分別檢討災難原因並研提今後防範措施具報。試擬內政部或經濟部函復行政院文。

七十三年全國性公務人員高等考試試題

類科：建設人員各類科

科目：國文

一、論文

管子謂：「治國常富，亂國常貧。」試申其義。

二、公文

擬經濟部函臺灣省礦務局：希徹底檢討礦場安全法執行情形，並擬具改進方案報備。

七十三年專門職業及技術人員普通考試試題

類科：各類科

科目：國文

論當前憂患意識之重要

七十三年專門職業及技術人員高等考試試題

類科：各類科（除律師）

科目：國文

重振職業道德提高服務品質

七十三年專門職業及技術人員高等考試試題

類科：律師

科目：國文

孔子曰：「道之以政，齊之以刑，民免而無恥。」試申論之。

七十五年公務人員高等考試試題

類科：各類行政人員

科目：國文

一、論文（七十分）

文天祥云：「孔曰成仁，孟曰取義；惟其義盡，所以仁至。」試申其義。

二、公文（三十分）

擬內政部函高雄港務局，請即會集有關單位，澈底檢討拆船清艙檢查制度之缺失，研訂拆船安全設施方案，以避免再度發生類似卡拿利油輪爆炸之不幸事件

七十五年公務人員高等考試試題

類科：建設人員各類科

科目：國文

一、論文（七十分）

論生態保育與經濟開發

二、公文（三十分）

擬經濟部函中華經濟研究院委請就有關投資、貿易、工業、幣值等重要經濟問

題進行研究，提供具體意見，作爲施政決策之參考。

七十五年特種考試臺灣省基層公務人員考試試題

等別：乙等

類科：各類科

科目：國文（論文及公文）

一、論文（七十分）

惟儉可以助廉，惟恕可以成德。

二、公文（三十分）

試擬：內政部函各警政機構加强取締「大家樂」賭博，並嚴禁包庇縱容情事，以戢賭風，而維警紀。

七十五年特種考試臺灣省基層公務人員考試試題

等別：丙等

類科：各類科

科目：國文

一、論文（七十%）
重理性、尊法治，攜手連心，忠愛國家。
二、公文（三十%）
試擬臺灣省政府函各縣（市）政府：爲辦好本屆增額中央民意代表選舉，特頒應注意事項，希照辦。

七十六年全國性公務人員高等考試試題

類科：行政人員各類科

科目：國文

一、論文（七十分）
顧炎武曰：「士大夫之無恥，是謂國恥」。試申其義。
二、公文（三十分）
擬行政院通函各省市政府：希擬具各該省市消除環境污染計畫，限期報核，俾資統籌規劃。

七十六年全國性公務人員普通考試試題

類科：行政人員各類科

科目：國文

一、論文（七十分）

社會轉型時期，公務員的自我期許。

二、公文（三十分）

擬臺灣省政府教育廳致教育部函，爲提供預防學生目力近視之意見，請核採。

七十六年全國性公務人員高等考試試題

類科：技術人員各類科

科目：國文

一、論文（七十分）

道德修持爲體，科學技術爲用。

二、公文（三十分）

試擬行政院人事行政局致考選部函，爲行政院所屬各機關需用各類技術人員，檢附任用計畫，請在高普考試及格人員分發不足之情況下，依照規定舉行特種考試。

七十六年全國性公務人員普通考試試題

類科：技術人員各類科

科目：國文

一、論文（七十分）

模仿、改良、創新。

二、公文（三十分）

試擬：臺灣省政府函屏東縣政府加强取締沿海地區之違法魚塭，以避免嚴重破壞景觀，導致地層下陷，危害海堤安全。

七十六年專門職業及技術人員高等考試試題

類科：各類科（除律師）

科目：國文

無規矩不能成方圓，無法治不能成民主。

七十六年專門職業及技術人員普通考試試題

類科：各類科

科目：國文

積財千萬，不如薄技在身。

七十六年特種考試臺灣省基層公務人員考試試題

等別：乙等

類科：各類科

科目：國文

一、論文（七十分）

在安定中求進步

二、公文（三十分）

擬臺灣省政府教育廳致所屬各級學校函，請勸導學生勿參加飆車活動，以資守法重紀，維護社會風氣，增進身心健康。

七十六年特種考試臺灣省基層公務人員考試試題

等別：丙等

類科：各類科

科目：國文

一、論文（七十分）

改善社會風氣之我見

二、公文（三十分）

臺灣省政府教育廳函所屬各級學校，請切實辦理學生平安保險。

七十六年特種考試警察人員考試試題

等別：乙等考試

類科：各類科

科目：國文

一、論文（七十分）

國家安全法與民主自由

二、公文（三十分）

擬台北市政府警察局致台北市政府函：爲改善台北市交通，訂定台北市區停車實施計畫，是否可行，敬請核示。

七十六年特種考試警察人員考試試題

等別：丙等考試
類科：各類科
科目：國文

一、論文（七十分）
臺澎地區解嚴後應有之共識

二、公文（三十分）
擬台北市政府警察局函所屬各分局，加强整頓交通，以期行車井然有序，行人往來無阻，而利國際觀瞻。

七十七年全國性公務人員高等考試試題

科別：行政人員各科別
科目：國文

一、論文（七十分）
記曰：「善歌者使人繼其聲，善教者使人繼其志。」試申論之。

二、公文（三十分）

擬行政院函所屬各機關：爲因應解嚴以來日益增多之自力救濟事件，今後應本事發前溝通重於事發後處理之原則，切實辦理。

七十七年全國性公務人員高等考試試題

科別：技術人員各科別

科目：國文

一、論文（七十分）

超越自我，發揮潛能說。

二、公文（三十分）

試擬台北市政府致內政部函：爲端正社會風氣，革新民俗，請速訂「寺廟慶典儀式規範」以便遵行。

七十七年全國性公務人員普通考試試題

科別：行政人員各科別

科目：國文

一、論文（七十分）

爲學宜謙，行道宜勇。

二、公文（三十分）

行政院分函所屬部會局署，對於預算之執行，應恪遵節約原則，非屬必要，不得請求增加。

七十七年全國性公務人員普通考試試題

科別：技術人員各科別

科目：國文

一、論文（七十分）

生活品質與書香社會

二、公文（三十分）

擬臺灣省政府函行政院人事行政局：爲促使科技發展與進步，請遴選各單位青年優秀員工，送各大專院校有關系所進修；以應國家建設之需求。

七十七年全國性公務人員高等考試試題

科別：文書

科目：應用文

一、問答題：（合計三十五分）

⑴公文分爲那幾類？試分別說明其性質與功用？（十五分）

⑵副署公文與決行公文之區分如何？文後各應如何簽署？（十分）

⑶試簡要說明「簽」、「稿」撰擬的過程。（十分）

二、試用現代語文翻譯左列各語句：（每小題二分，合計十分）

⑴別後思心潭潭，書來良以爲慰！

⑵不克仰副雅命，歉疚之至。

⑶如蒙惠示，無任企感！

⑷先以奉聞，並申謝悃。

⑸方命之處，敬請原宥。

三、試擬便條一則：（十分）

說明：⑴日前隨家人遊覽溪頭，購得上品凍頂烏龍茗茶兩斤，分贈若干，以供老友李大同君分享。

⑵不可寫出自己姓名，一律以「張自强」署名。

四、公文撰擬：（二十分）

代台北市補習教育事業協會為避免因招生發生無謂糾紛，招致社會物議，函各會員補習班各派負責代表與會，共同研訂自律公約；又為免除惡性競爭，請多方收集有關資訊，以便迅速商訂各類班級之收費標準。

五、撰擬書信一封：（二十五分）

題目：致母校師長「談小留學生問題」。

說明：(1)限用淺近文言書寫，但須注意書寫格式及一般慣例。

(2)信文中必須包括「上稱謂」、「知照敬辭」、「開頭應酬語」、「正文」、「臨書」、「候安語」、「下稱謂」、「稟啓」、「年月日（寫信時間）」等部份。

(3)受信人師長一律以「李大同」代稱。

(4)寄信人一律以「張自強」署名，不可寫出自己的姓名。

七十七年全國性公務人員普通考試試題

科別：文書

科目：應用文

一、公文（三十分）

試擬臺灣省政府函各縣市政府，爲防範颱風侵襲，應如何加强防颱措施及災害救助。

二、書信（七十分）

試擬：致友人論學書。

七十七年特種考試臺灣省基層公務人員考試試題

等別：乙等

類科：各類科

科目：國文（論文及公文）

一、論文（七十分）

孔子曰：「其身正，不令而行；其身不正，雖令不從。」試申論其義。

二、公文（三十分）

試擬臺灣省政府函呈行政院，請迅訂工業區公害防治辦法，有效推行環保政策

七十七年特種考試臺灣省基層公務人員考試試題

等別：丙等

類科：各類科

科目：國文

一、論文（七十分）

防治環境污染之我見

二、公文（三十分）

試擬臺灣省政府教育廳致全省各中等學校函：邇來青少年犯罪比率日增，希加强學生生活輔導，促進品德修養，以消弭暴戾越軌之行爲。

七十七年專門職業及技術人員高等考試試題

類科：律師

科目：國文

責任心與使命感

七十七年專門職業及技術人員高等考試試題

類科：各類科（除律師）

科目：國文

論保障人權之眞諦

七十七年專門職業及技術人員普通考試試題

類科：護士、助產士、藥劑生、醫事檢驗生

科目：國文

論和諧、合作，在團體生活中的重要。

七十八年特種考試國防部行政及技術人員考試試題

等別：乙等考試

類科：各類科

科目：國文

一、論文（七十分）

論提高施政品質

二、公文（三十分）

擬行政院衛生署函所屬各單位，希協調當地村里基層單位，動員民衆，做好環境清潔及滅蚊工作，以防制登革熱。

七十八年特種考試國防部行政及技術人員考試試題

等別：丙等考試

類科：各類科

科目：國文

一、論文（七十分）

解嚴後的省思

二、公文（三十分）

試擬：臺灣省政府函促各縣市政府，辦理冬令救濟，以發揮同胞愛。

七十八年特種考試交通事業電信、民航人員考試試題

級別：電信、民航人員、業務士、技術士

類科：各類科

科目：國文

勤勞與服務

七十八年高等檢定考試試題

類科：新訂：普通行政類、教育行政類、新聞行政類、財務行政類、經建行政類、法務類、衛生行政類

原訂：一般行政類、教育行政類、新聞行政類、財政金融類、會計審計類、管理類、衛生行政類、法務類甲組、乙組

科目：國文

論社會安定與民主自由

七十八年普通檢定考試試題

類科：新訂：普通行政類、教育行政類、新聞行政類、財務行政類、經建行政類、法務類、衛生行政類

原訂：一般行政類、教育行政類、會計審計類、法務類、衛生行政類

科目：國文

容忍與姑息

七十八年普通檢定考試試題

類科：新訂：農業技術類、林業技術類、水產技術類、畜牧類、土木工程類、機械工程類、電機工程類、資訊處理類、檢驗類

原訂：農業類、電機類、醫事技術類

科目：國文

怎樣做一個現代的公務人員

七十八年特種考試公務人員丁等考試試題

科別：行政科、文書科、教育行政科

科目：國文（作文及翻譯）

一、作文：六十％（文言、白話不拘）

逆境與順境二、翻譯：四十％（將下列各文句譯爲語體文，並加標點。）

⑴雖無四方之憂，然謀臣與爪牙之士，不可不養而擇也（國語越語句踐復國）

(2)生亦我所欲，所欲有甚於生者，故不為苟得也。（孟子告子魚我所欲也章）
(3)黔無驢，有好事者船載以入，至則無可用，放之山下。（柳宗元黔之驢）
(4)夫君子之所取者遠，則必有所待；所就者大，則必有所忍。（蘇軾賈誼論）

七十八年特種考試公務人員丁等考試試題

科別：打字科、圖書管理科、社會行政科、財務行政科、會計審計科、民政科、人事行政科、土地行政科、稅務行政科、經建行政科

科目：國文（作文及翻譯）

一、作文：六十%（文言、白話不拘）

權利與責任

二、翻譯：四十%（將下列各文句譯為語體文，並加標點。）

(1)人非生而知之者，孰能無惑？惑而不從師，其為惑也終不解矣。（韓愈　師說）十%

(2)吾嘗觀萬國之成例，凡最尊自由權之民族，恆即為最富有制裁力之民族。其故何哉？自由之公例曰：「人人自由，而以不侵人之自由為界。」（梁啓超

自由與制裁）十%

(3)見漁人，乃大驚，問所從來；具答之。便要還家，設酒，殺雞，作食。（陶潛　桃花源記）十%

(4)勤儉自持，習勞習苦，可以處樂，可以處約，此君子也。（曾國藩　諭子紀鴻）十%

七十八年特種考試經濟部所屬事業機構人員考試試題

科別：各類科

科目：國文

一、論文（七十分）

報國情懷與服務理念

二、公文（三十分）

擬台北市政府函所屬各機關學校嚴禁公教人員從事有關證券交易等活動違者依法嚴懲。

七十八年特種考試警察人員考試試題

等別：乙等考試
類科：各類科
科目：國文

一、論文（七十分）（文言白話均可）
如何促進警民合作以維護社會治安

二、公文（三十分）
試擬內政部警政署函臺灣省警務處、兩直轄市警察局，爲杜絕黑槍危害社會治安，特訂定檢肅黑槍辦法一種，希轉飭所屬各單位，嚴予執行，以確保社會安寧。

七十八年特種考試警察人員考試試題

等別：丙等考試
類科：各類科
科目：國文

一、論文（七十分）
警察與社會治安

二、公文（三十分）

試擬警政署函所屬各警察機關：希切實督促所屬員警，注意操守，維護警察形象。

七十八年全國性公務人員高等考試試題

科別：行政人員各科別

科目：國文

一、論文（七十分）

論「能忍人之所不能忍，乃能爲人之所不能爲」

二、公文（三十分）

行政院勞工委員會函請勞工保險局，迅即徹底檢討當前勞、農保險醫療制度之缺失，並邀集有關機關，研商具體改進方案報會。

七十八年全國性公務人員高等考試試題

科別：技術人員各科別

科目：國文

一、論文（七十分）
經濟之繁榮成長，繫於社會之安定，而社會之安定，則繫於國家安全說。
二、公文（三十分）
試擬經濟部致行政院函稿：報告所屬各生產事業機構，定於三年內全面更新有關設備，以配合經建計畫，加速增進精密工業之發展。

七十八年全國性公務人員普通考試試題

科別：行政人員各科別
科目：國文

一、論文（七十分）
論傳承與創新
二、公文（三十分）
試擬臺灣省政府函各縣市政府，爲加强便民服務，提高行政效率，請速擬訂政治革新具體實施辦法，並報府核備文。

七十八年全國性公務人員普通考試試題

科別：技術人員各科別

科目：國文

一、論文（七十分）

論義與利

二、公文（三十分）

擬內政部警政署分函臺灣省警務處及台北、高雄兩市警察局：近日社會治安惡化，希督勵同仁，特別加强巡邏緝捕工作，務期掃除不法，迅奏績效。

七十八年特種考試第二次司法人員考試筆試試題

等類：乙等推事檢察官、監獄官

科目：國文

一、論文（七十分）

發揮公權力維護政府威信

二、公文（三十分）

試擬行政院函內政部，研擬興建住宅方案，積極增建國宅，以穩定住宅價格。

七十八年特種考試第二次司法人員考試筆試試題

等類：丙等法院書記官、監所管理員

科目：國文

一、論文（七十分）

言教與身教

二、公文（三十分）

試擬行政院函各省、市政府轉所屬各機關：嚴禁公務人員於辦公時間內，出入證券市場，買賣股票，以肅官常。

七十八年專門職業及技術人員高等暨普通考試、公務人員高等暨普通考試臨時考試試題

考試別：公務人員高等考試

科　別：各科別

科　目：國文

一、論文（七十分）

論公權力之維護

二、公文（三十分）

環境保護署函經濟部：請轉　貴屬各生產單位之廠礦工場，儘速改善其排煙及廢水設備；以維環境衛生，而免附近居民藉端惹生是非。

七十八年專門職業及技術人員高等暨普通考試、公務人員高等暨普通考試臨時考試試題

考試別：公務人員普通考試

科　別：各科別

科　目：國文

一、論文（七十分）

小不忍則亂大謀說

二、公文（三十分）

試擬內政部致臺灣省政府函：爲明年一月全省各縣市改選議員及鄉鎮市長，應依照有關選舉法令，切實辦理，如遇有違法情事，請依法嚴辦。

七十八年專門職業及技術人員高等暨普通考試、

公務人員高等暨普通考試臨時考試試題

考試別：專門職業及技術人員高等考試
類　科：律師
科　目：國文

荀子曰：「人無禮則不生，事無禮則不成，國家無禮則不寧。」試申論之。

七十八年專門職業及技術人員高等暨普通考試、公務人員高等暨普通考試臨時考試試題

考試別：專門職業及技術人員高等考試
類　科：各類科（除律師）
科　目：國文

專業知能與專業道德

七十八年專門職業及技術人員高等暨普通考試、公務人員高等暨普通考試臨時考試試題

考試別：專門職業及技術人員普通考試

類　科：各類科
科　目：國文
有爲與有守

七十九年特種考試交通事業電信、水運人員考試試題

級　別：電信人員　業務員　技術員
類　科：各類科
科　目：國文
考試時間：一小時三十分

一、論文（七十分）
我對國是會議的期望

二、公文（三十分）
試擬交通部致所屬各機關函：處理人民申請案件，應簡化作業程序，改善服務態度，以落實便民措施。

七十九年特種考試交通事業電信、水運人員考試試題

級　　別：電信、水運人員　業務、技術士
類　　科：各類科
科　　目：國文
考試時間：一小時三十分

如何使明天更美好

七十九年全國性公務人員高等考試一級考試試題

科別：行政人員各科別
科目：國文

一、論文（七十分）
孔子曰：「安上治民，莫善於禮。」試申論之。

二、公文（三十分）
試擬行政院函內政部、經濟部、國防部、交通部、教育部、農委會、衛生署、環保署，責由環保署，立即著手計畫於各部會內，成立環保專責機構，加强與環保署協調連繫，發揮整體力量，以提升國內環境品質。

七十九年全國性公務人員高等考試一級考試試題

科別：技術人員各科別

科目：國文

一、論文（七十分）

小我與大我

二、公文（三十分）

試擬內政部陳報行政院函稿：爲動員戡亂時期即將終止，經與有關機關會商，檢附相關法令多種，請分別核轉立法院審議修正、廢止，或逕行修正、廢止，並示知。

七十九年全國性公務人員高等考試二級考試試題

科別：行政人員各科別

科目：國文

一、論文（七十分）

漢書藝文志云：「仲尼有言禮失而求之野。」試申論之。

二、公文（三十分）

擬經濟部函台灣電力公司，爲加强用電安全宣導，希配合各地方政府之村里民大會，派員對一般民衆講解用電常識，以減少事故發生。

七十九年全國性公務人員高等考試二級考試試題

科別：技術人員各科別

科目：國文

一、論文（七十分）

爲學與做人

二、公文（三十分）

試擬行政院人事行政局致考選部函稿：爲適應台北都會區捷運系統工程之需要，檢附各類科需用名額，請轉陳考試院核定舉行技術人員考試，以資應用，並見復。

七十九年全國性公務人員普通考試試題

科別：行政人員各科別

科目：國文

一、論文（七十分）
知識與生活
二、公文（三十分）
擬行政院函所屬各機關：為各級主管人員應加強考核所屬員工之專長與品德，務使適才適用，提昇行政品質。

七十九年全國性公務人員普通考試試題

科別：技術人員各科別
科目：國文

一、論文（七十分）
知識與生活
二、公文（三十分）
擬臺灣省政府函所屬各縣市政府：希嚴禁濫墾山坡地，以維護水土保持而免肇生災害。

七十九年特種考試司法人員考試試題

等　類：乙等司法官
科　目：國文
考試時間：二小時三十分

一、論文（七十分）
論「以古爲鑑，可知興替；以人爲鑑，可明得失。」

二、公文（三十分）
擬行政院人事行政局函行政院：爲修正「天然災害停止辦公作業要點」，報請核定實施。

七十九年特種考試司法人員考試試題

等　類：乙等公設辯護人、監獄官、法醫師
科　目：國文
考試時間：二小時三十分

一、論文（七十分）
公德心與正義感

二、公文（三十分）

擬臺灣省政府通函所屬各縣市政府：希嚴加取締濫葬，宜利用山坡地籌建示範公墓，墓穴務須整齊劃一，以維觀瞻。

七十九年特種考試關務人員考試試題

等　　別：丙等考試
組　科　別：各組科
科　　目：國文
考試時間：二小時

一、論文（七十分）
關務人員應有的機智與操守
二、公文（三十分）
試擬高雄關函財政部，請自下年度始，加列預算，擴充員額，以支應日益繁重之關務。

七十九年特種考試司法人員考試試題

等　　類：丙等各類科

科　　目：國文
考試時間：二小時

一、論文（七十分）
實行民主，必先嚴整法治論。

二、公文（三十分）
擬司法院函行政院：請轉教育部，加强各級學校法律常識教育，以維治安，而收端正社會風氣之實效。

八十年全國性公務人員高等考試二級考試試題

科　　別：各科別
科　　目：國文
考試時間：二小時

一、論文（七十分）
論法立貴乎必行

二、公文（三十分）
試擬行政院函所屬機關：為確保人民權益，樹立賢明政風，凡受理訴願案件，務須詳查慎處，俾求平情適法，以充分發揮行政救濟之功能。

八十年全國性公務人員普通考試試題

科　別：各科別
科　目：國文
考試時間：二小時

一、論文（七十分）
志在千里
二、公文（三十分）
擬教育部致所屬各大專院校函：希就加强人文精神教育實施專案，切實推動，期收成效。

七十四年高等考試試題

類科：普通行政人員文書組
科目：應用文

一、問答：（每小題二十分，共四十分）

(1)公文程式之類別有幾？並說明其用途。
(2)書信之結構如何？
二、公文撰擬：（三十分）
擬教育部致臺灣省政府教育廳轉知各省立中等以上學校，加強民族精神教育函
三、書信撰擬：（三十分）
擬致長輩親友請代己介紹工作信。

七十四年普通考試試題

科目：應用文

一、問答題：（每一小題十分，共四十分）
(1)試述公文中「書函」之用法與作法。
(2)試述公文「副本」之性質與擬辦時應行注意之事項。
(3)試分述現行規定，對「法律」與「命令」，各應用何種名稱。
(4)試列舉一般會議議事日程包括那些事項？
二、公文撰擬：（三十分）
擬中國憲法學會舉行會員大會時，以大會名義向　總統致敬電文。

三、書信撰擬：（三十分）

擬行政院院長致台灣、福建兩省政府主席及台北、高雄兩市市長信，爲增額中央民意代表選舉，即將舉行，希嚴禁暴力與金錢之介入，以端正選舉風氣。

七十五年高等考試「應用文」試題

一、問答：（每題二十分，共四十分）

⑴我國現行公文之類別有幾？並說明其用途。

⑵書信的結構怎樣？

二、公文撰擬：（三十分）

擬臺灣省議會致臺灣省菸酒公賣局，早日公布米酒內含玉米黃麴毒素眞象，以消除消費大眾疑慮函。

三、書信撰擬：（三十分）

致同學賀榮膺某中學校長信。

七十六年全國性公務人員高等考試試題

類科：普通行政人員文書組
科目：應用文

一、問答題：（每一小題十分，合計四十分）
(1)試述現行公文之種類及其用法。
(2)試述公文「函」之「主旨」與「說明」兩段寫作要領。
(3)試述「簽」之用法及其撰擬之要領。
(4)試述公文撰擬之一般守則。

二、解釋題：（每一小題二分，合計二十分）
試解釋下列詞義：
(1)肯堂肯構　(2)遙祝九如　(3)夙叨交末　(4)長才肆應　(5)沖天奮翮
(6)彌殷葵向　(7)彤管流輝　(8)與時俯仰　(9)不次升擢　(10)剝極而復

三、公文撰擬：（二十分）
試擬內政部警政署函，分行臺灣省警務處及台北、高雄兩市政府警察局，希飭屬嚴厲取締「大家樂」賭風，以維護公序良俗。

四、書信撰擬：（二十分）
試擬一文言書信與友人，對　蔣總統經國先生近所昭示：爲人必須「正大光明，理直氣壯」，表示個人之感想。

七十六年全國性公務人員普通考試試題

類科：普通行政人員文書組

科目：應用文

一、問答題：（每一小題十分，合計四十分）

(1)試述「公告」之用法及其發布之方式。

(2)試述「咨」之用法。

(3)何謂「簽稿併送」？試說明之。

(4)試列舉機關對人民及團體之直接稱謂語。

二、解釋題：（每一小題二分，合計二十分）

(1)汲深綆短　(2)玉輪光滿　(3)尙免愆尤　(4)景屬小春　(5)永矢不忘

(6)臨穎神馳　(7)冒昧直陳　(8)秋風多厲　(9)不憚煩言　(10)銘感肺腑

三、公文撰擬：（二十分）

試擬一「報告」，向機關首長請求，就本身所長，調整適當之工作。

四、書信撰擬：（二十分）

試擬一文言書信，致某同學，談「近況與未來計畫」。

七十九年全國性公務人員高等考試一級考試試題

科別：文書

科目：應用文

一、問答題：

(1)公文分爲那幾類？試分別說明其性質與功用。（十分）

(2)副署公文與決行公文之區分如何？文後各應如何簽署？（五分）

二、請將左列一則「短札」譯成語體：（十五分）

「雨後晴和，起居佳勝。花木悉佳品，又根撥不傷，遂成幽居之趣。荷雅意無窮，未及面謝爲媿耳！」（蘇軾與林天和長官書）

三、試擬便條一則，致李大同學長：（十五分）

說明：(1)日前往東南亞一遊，購得泰國佛像一尊，現在贈送給您；

(2)八月十九日（星期日），假座××路××號××餐廳，便餐招待台南一中旅北諸校友，是日中午十二時，務請　光臨。餐後同往中山博物院參觀。

(3)不可寫出自己姓名，一律以「張自强」署名。

四、公文撰擬：（二十五分）

試擬行政院函內政部，研擬現階段積極改善興建住宅方案，將從擴大融資、增建國宅及穩定住宅價格三方面，解決當前民衆居住問題。

五、撰擬書信一封：（三十分）

題目：與友人論如何支援大陸同胞爭民主爭自由書。

說明：(1)本題答案包括信封及信箋兩部分；
(2)請自行在試卷上畫一中式標準信封；
(3)本題以「格式」及「用語」之符合與否為評分標準，故信箋內容可力求簡單；
(4)假設收信人為李大同，住址為台北市文山區試院路一號；而假設寄信人為張自强，地址為台中市力行路一號。

七十九年全國性公務人員高等考試二級考試試題

科別：文書

科目：應用文

一、問答題：（二十分）

⑴「公告」及公文中的「函」，在結構上各如何分段？（十三分）

⑵「咨」和「函」分別何在？請舉例說明。（七分）

二、請將左列一則「短札」譯成語體：（二十分）

「承　貺韓產高麗人蔘一盒，寵愛逾恆，理不敢當。弟雖屆暮年，頑軀尚健，飢餐渴飲，向未求助於草木之靈。竊願留此記錄，以傲同儕。又與　兄相知，豈在形跡？　珍貺遙頒，徒增愧疚耳！爰藉鴻便，敬謹璧還。盛情之感，仍篆五中。美行在即，匆匆未盡所懷。」（端木愷與某先生函）

三、試擬便條一則：（十五分）

說明：⑴舊日好友李大同，因參加會議，昨晚已抵達台北；⑵李君現住希爾頓飯店八樓六室；⑶經已約定於本星期日下午六時在該飯店二樓咖啡廳，與此間諸好友作短暫之歡聚；⑷屆時務請攜尊眷參加，以圖良晤；⑸不可寫出自己姓名，一律以「張自強」署名。

四、公文撰擬：（二十分）

代台北縣政府為重陽敬老，擬訂於農曆九月九日舉辦觀音山登臨極峰活動，一以表示對歷代先聖先賢之崇敬，一以表示身在台灣心懷大陸的心意，請函各鄉鎮市公所轉知所屬踴躍組隊參加。

五、撰擬書信一封：（二十五分）

題目：致高中時代李幼梅女老師一封信。

說明：(1)本題答案包括信封和信箋兩部分；

(2)請自行在試卷上畫一中式標準信封；

(3)本題以「格式」及「用語」之符合與否為評分標準，故信箋內容可力求簡單；

(4)假設李幼梅老師住址為高雄市三民區河北二路五十號；並假設寄信人為張自强，地址為台中市力行路一號。

七十九年全國性公務人員普通考試試題

科別：文書

科目：應用文

一、問答題：（二十分）

(1)略述現行公文製作的類別。

(2)「便條」製作要點如何？試簡述之。

二、代擬借書便條一則，致李大同學長：（十分）

說明：⑴所借書名自訂；　⑵即交來人帶下；　⑶約期歸還；

⑷不可寫出自己姓名，一律以「張自强」署名。

三、公文撰擬：（三十分）

試擬：台北縣新店市公所爲提升民衆休閒樂趣、增進愛護動物觀念、提倡正當旅遊活動，依據市民代表會第××次全體會議決議，定期在碧潭地區舉辦錦鯉幼苗放養活動，附實施辦法要點，公告市民及一般遊客，踴躍前往參加。

四、撰擬書信一封：（四十分）

題目：致母校某師長，報告近日生活情形。

說明：⑴本題答案包括信封及信箋兩部份；

⑵請自行在試卷上畫一中式標準信封；

⑶本題以「格式」及「用語」之符合與否爲評分標準，故信箋內容可力求簡單；

⑷假設收信人爲李大同，住址爲台北市文山區試院路一號；並假設寄信人爲張自强，地址爲台中市力行路一號。

附錄三：國文試卷評閱要點

中華民國五十三年八月六日考試院核定
中華民國六十六年七月十九日考試院修正
中華民國七十四年七月十日考試院修正
中華民國七十七年三月三日考試院修正

一、國文分試論文與公文者，其評分參照左列標準分別綜合評定之。

甲、論文：占百分之七十。

(1)見解：占百分之三十。

(2)文詞：占百分之二十。

(3)結構：占百分之十。

(4)書法、標點及試卷整潔：占百分之十。

乙、公文：占百分之三十。

(1)內容及用語：占百分之二十。

(2)程式：占百分之十。

二、國文僅試論文者，其評分參照左列標準綜合評定之。
(1)見解：占百分之四十五。
(2)文詞：占百分之三十。
(3)結構：占百分之十五。
(4)書法、標點及試卷整潔：占百分之十。
三、國文分試論文、翻譯與閱讀測驗者，論文占百分之五十，翻譯占百分之三十，閱讀測驗占百分之二十；如僅分試論文及翻譯或僅分試論文及閱讀測驗，則論文占百分之六十，翻譯或閱讀測驗占百分之四十。
前項論文部分之評分標準，參照本要點第二點標準綜合評定之。
四、翻譯及閱讀測驗試題，其命題委員，應預擬答案參考資料。
五、國文試卷評分時，依照本要點一、二、三點所訂標準，分左列兩種方式計分。
(1)國文試卷分組評閱時，得先抽取樣本若干本，由閱卷委員分別評定分數，再將各樣本分數綜合求得平均分數，作爲評分之標準。
(2)國文試卷僅一人評閱時，得先於卷背或另紙簡記符號或分數，分別排列次序，然後再行比較高下，評定分數。

附錄四：標點符號用法表

符號	名稱	用法	舉例
。	句號	用在一個意義完整文句的後面。	公告○○商店負責人張三營業地址變更。
，	逗號	用在文句中要讀斷的地方。	本工程起點爲仁愛路，終點爲……
、	頓號	用在連用的單字、詞語、短句的中間。	(1)建、什、田、旱等地目…… (2)河川地、耕地、特種林地等…… (3)不求報償、沒有保留、不計任何代價……

；	分號	用在下列文句的中間： 一、並列的短句。 二、聯立的復句。	(1)知照改爲查照；遵辦改爲照辦；遵照具報改爲辦理見復。 (2)出國人員於返國後一個月內撰寫報告，向○○部報備；否則限制申請出國。
：	冒號	用在有下列情形的文句後面： 一、下文有列舉的人、事、物時。 二、下文是引語時。 三、標題。 四、稱呼。	使用電話範圍如次：…… 接行政院函： 主旨： ○○部長：
？	問號	用在發問或懷疑文句的後面。	本要點何時開始正式實施爲宜？ 此項計畫的可行性如何？

！	感歎號	用在表示感歎、命令、請求、勸勉等文句的後面。	……又怎能達成這一爲民造福的要求！ 希照辦！ 請鑒核！ 來努力創造我們共同的事業、共同的榮譽！
「」 『』	引　號	用在下列文句的後面，（先用單引，後用雙引）： 一、引用他人的詞句。 二、特別著重的詞句。	(1)總統說：「天下只有能負責的人，才能有擔當。」 (2)所謂「效率觀念」已經爲我們所接納。
——	破折號	表示下文語意有轉折或下文對上文的註釋。	(1)各級人員一律停止休假——即使已奉准有案的，也一律撤銷。 (2)政府就好比是一部機器——一部爲民服務的機器。

……	刪節號	用在文句有省略或表示文意未完的地方。	憲法第五十八條規定，應將提出立法院的法律案、預算案……提出於行政院會議。
（　）	夾註號	在文句內要補充意思或註釋時用的。	(1)公文結構，採用「主旨」「說明」「辦法」（簽呈為「擬辦」）三段式。 (2)臺灣光復節（十月二十五日）應舉行慶祝儀式。